Kompetenzen Mathematik

Zahlen und Operationen

Bildnachweis

Illustrationen: Claudia Bichler

Diktate

Sprecherin: Eva Adelseck

Quellennachweis zu Track 1:
Schnipsen: snapssound (https://freesound.org/people/snapssound/sounds/535895/), CC0 1.0;
Hämmern: blukotek (https://freesound.org/people/blukotek/sounds/337815/), CC0 1.0;
Klingeln: © tim.kahn (https://freesound.org/people/tim.kahn/sounds/163730/), lizenziert unter CC BY 4.0;
Schritte: cris (http://www.freesound.org/people/cris/sounds/167685/), CC0 1.0;
Wassertropfen: © doxent (http://www.freesound.org/people/doxent/sounds/254832/), lizenziert unter CC BY 3.0

© 2023 Stark Verlag GmbH
www.stark-verlag.de

Das Werk und alle seine Bestandteile sind urheberrechtlich geschützt. Jede vollständige oder teilweise Vervielfältigung, Verbreitung und Veröffentlichung bedarf der ausdrücklichen Genehmigung des Verlages. Dies gilt insbesondere für Vervielfältigungen, Mikroverfilmungen sowie die Speicherung und Verarbeitung in elektronischen Systemen.

Inhalt

Vorwort
Durchblicker-Abzeichen
Kennzeichnung der Kompetenzen

Übungssets

Niveau A

1. Zählen, Zahldarstellungen 1
2. Zahlen erkennen, Zählen, Zahlen/Mengen zerlegen, Zahldarstellungen, Orientierung im Zahlenraum bis 10, Plusaufgaben bis 10, Platzhalteraufgaben 3
3. Orientierung im Zahlenraum bis 10, Zählen, Ordnungszahlen, Zahlenstrahl, Zahlen/Mengen zerlegen, Platzhalteraufgaben, Plusaufgaben bis 10 5
4. Orientierung im Zahlenraum bis 10, Zählen, Zahlen/Mengen zerlegen, Plusaufgaben bis 10, Tauschaufgaben, Zahlenmauern, Platzhalteraufgaben, Kettenaufgaben 7
5. Zahlen vergleichen, Tauschaufgaben, Plus- und Minusaufgaben bis 10, Umkehraufgaben, Zahldarstellungen, Kombinatorik 9
6. Zählen, Stellenwerttafeln, Plus- und Minusaufgaben bis 20, Zahldarstellungen, Zahlenstrahl, Umkehraufgaben, Orientierung im Zahlenraum bis 20, Kettenaufgaben, Zahlen vergleichen, Sachaufgaben, Kombinatorik . 11
7. Rechenhäuser, Plus- und Minusaufgaben bis 20, Umkehraufgaben, Zahlenmauern, Zahldarstellungen, Orientierung im Zahlenraum bis 20, Sachaufgaben 14
8. Plus- und Minusaufgaben bis 20, Verdopplung, Tauschaufgaben, Umkehraufgaben, Rechendreiecke, Unterscheidung von geraden und ungeraden Zahlen, Sachaufgaben, Kombinatorik 17

9 Plus- und Minusaufgaben bis 20, Umkehraufgaben, Rechenmuster, Tauschaufgaben, Sachaufgaben, Zahlenmauern 20

Niveau B

1 Plus- und Minusaufgaben bis 20, Umkehraufgaben, Tauschaufgaben, Zahlenmauern, Zahldarstellungen, Orientierung im Zahlenraum bis 100, Stellenwerttafeln, Zahlenrätsel, Sachaufgaben 23

2 Zahldarstellungen, Orientierung im Zahlenraum bis 100, Stellenwerttafeln, Plus- und Minusaufgaben bis 100, Platzhalteraufgaben, Hundertertafel, Rechenmuster, Kombinatorik 26

3 Zahlen erkennen, Stellenwerttafeln, Orientierung im Zahlenraum bis 100, Zahlen vergleichen, Plus- und Minusaufgaben bis 100, Platzhalteraufgaben, Zahldarstellungen, Zahlenmauern   30

4 Zahlenstrahl, Plusaufgaben, Kettenaufgaben, Malaufgaben, Kombinatorik, Orientierung im Zahlenraum bis 100, Hunderterfeld, Zahldarstellungen 33

5 Plusaufgaben, Minusaufgaben, Zahlen vergleichen, Tauschaufgaben, Malaufgaben, Geteiltaufgaben, Umkehraufgaben, Sachaufgaben 36

6 Zahlen vergleichen, Plusaufgaben, Minusaufgaben, Kettenaufgaben, Platzhalteraufgaben, Malaufgaben, Umkehraufgaben, Geteiltaufgaben, Sachaufgaben 39

7 Malaufgaben, Geteiltaufgaben, Sachaufgaben, Knobelaufgaben, Minusaufgaben, Plusaufgaben, Zahlenrätsel 42

8 Rechenmuster, Plusaufgaben, Minusaufgaben, Malaufgaben, Geteiltaufgaben (auch mit Rest), Zahlen vergleichen, Sachaufgaben 45

9   Plusaufgaben, Minusaufgaben, Malaufgaben, Geteiltaufgaben (auch mit Rest), Tauschaufgaben, Umkehraufgaben, Kettenaufgaben, Kombinatorik 48

Lösungen

Niveau A 51
Niveau B 79

Zahlen- und Rechendiktate (MP3-Dateien)

Track 1: Geräusche zählen (Niveau A)
Track 2: Zahlen bis 10 erkennen (Niveau A)
Track 3: Plus- und Minusrechnen bis 20 (Niveau A)
Track 4: Zahlen bis 100 erkennen (Niveau B)
Track 5: Plus- und Minusrechnen bis 100 (Niveau B)
Track 6: Mal- und Geteiltrechnen (Niveau B)
Track 7: Plus-, Minus-, Mal- und Geteiltrechnen (Niveau B)

Die MP3-Dateien stehen auf der Online-Plattform **MyStark** zum Download bereit. Der zugehörige **Zugangscode** befindet sich auf der Umschlaginnenseite vorne im Buch.

Autorinnen:

Sabrina Andresen (Niveau B), Katja Kersten (Niveau A)

Vorwort

Liebe Eltern, liebe Lehrkräfte,

mit diesem Buch können Schülerinnen und Schüler der 1. und 2. Klasse **prüfen**, ob sie alle Inhalte des **Kompetenzbereichs „Zahlen und Operationen"** sicher beherrschen. Sie können den Stoff außerdem **wiederholen** und **üben**. Die Aufgaben sind hierfür in 18 **Übungssets** gegliedert, die als Arbeitsblätter oder Tests dienen können.

Die Übungssets enthalten:

- **Aufgaben** zu allen Themen aus dem Lehrplan
- **Lösungen** zu den Aufgaben mit hilfreichen **Hinweisen**
- **Zahlen- und Rechendiktate** zum Anhören (**Download** der **MP3-Dateien** auf der Plattform **MyStark**, Zugangscode siehe Umschlaginnenseite)

Die verschiedenen Niveaustufen ermöglichen **binnendifferenziertes Lernen**. Niveau A umfasst den Zahlenraum bis 20, Niveau B den Zahlenraum bis 100. Dem entsprechend bezieht sich Niveau A überwiegend auf den Stoff der 1. Klasse und Niveau B vor allem auf die Inhalte der 2. Klasse.
Die Übungssets sollten aber **klassenstufenübergreifend** eingesetzt werden, um die Schülerinnen und Schüler ihren Leistungen entsprechend zu fördern und zu fordern. Hierfür steigt der Schwierigkeitsgrad der Aufgaben zusätzlich innerhalb der Niveaustufen kontinuierlich von Übungsset zu Übungsset an.

Kronen kennzeichnen besonders knifflige Aufgaben eines Übungssets. Die Kinder können die Kronen auf der folgenden Seite sammeln und erhalten ein **Durchblicker-Abzeichen**, wenn sie alle Kronen-Aufgaben lösen konnten.

Die Schülerinnen und Schüler sollten die Aufgaben zunächst alleine bearbeiten und ihre Ergebnisse möglichst selbstständig mithilfe der **Lösungen** im Buch kontrollieren. **Hinweise** helfen ihnen hier, den Lösungsweg nachzuvollziehen. Wenn danach noch etwas unklar ist, können Sie helfen.

Im Lösungsteil zeigen **Symbole**, welche **Kompetenzen** die Aufgaben jeweils abbilden (Erklärung: übernächste Seite).

Wir wünschen Ihnen und Ihrem Kind bzw. Ihren Schülerinnen und Schülern viel Spaß und Erfolg bei der Arbeit mit diesem Buch.

Sabrina Andresen   Katja Kersten

Durchblicker-Abzeichen

Kreise hier immer dann eine Krone ein, wenn du eine Kronenaufgabe lösen konntest. Bei diesen Aufgaben musst du besonders gut nachdenken.

Hast du alle 29 Kronen eingekreist? Super, du hast den Mathe-Durchblick und bekommst das Durchblicker-Abzeichen!
Du kannst es ausschneiden und bunt anmalen.

Kennzeichnung der Kompetenzen

Im Lösungsteil zeigen **Symbole**, welche **Kompetenzen** bei den jeweiligen Aufgaben von den Schülerinnen und Schülern schwerpunktmäßig gefordert werden. Anhand dieser können Sie feststellen, welche der in den **Bildungsstandards** festgelegten Kompetenzen Ihr Kind oder Ihre Schüler*innen beherrschen und welche noch gestärkt werden sollten.

Bedeutung der Symbole:

Mathematisch darstellen

Zahldarstellungen verstehen und anwenden (z. B. Striche, Würfelpunkte, Zehnerstangen, Stellenwerttafel, Ziffern)

Zahlbeziehungen verstehen und im Zahlenraum orientieren (z. B. Zahlenstrahl, Hunderterfeld, Ordnung der Größe nach, Nachbarzahlen)

Mit mathematischen Objekten und Werkzeugen arbeiten

Grundrechenarten verstehen und beherrschen

Grundaufgaben des Kopfrechnens beherrschen (z. B. Zahlzerlegungen, Einspluseins, Einmaleins)

Mathematisch kommunizieren

Mathematische Fachbegriffe und Zeichen sachgerecht anwenden

Lösungswege beschreiben, vergleichen und bewerten

Mathematisch argumentieren

 Fehler finden, erklären und korrigieren

 Rechengesetze erkennen, erklären und nutzen (z. B. Tauschaufgaben, Umkehraufgaben)

 Mathematische Zusammenhänge erkennen, nachvollziehen und begründen

Mathematisch modellieren

 Sachprobleme in mathematische Fragestellungen umsetzen (z. B. über die Entnahme von Informationen aus Sachtexten)

 Sachprobleme in Rechenoperationen umsetzen

 Ergebnisse von Sachaufgaben auf die Ausgangssituation beziehen (z. B. durch die Formulierung eines Antwortsatzes)

 Zu Rechenaufgaben und bildlichen Darstellungen Sachaufgaben formulieren

Probleme mathematisch lösen

 Knobelaufgaben und einfache kombinatorische Aufgaben durch Probieren oder systematisches Vorgehen lösen

 Bisherige mathematische Kenntnisse auf ähnliche Zusammenhänge übertragen

Übungsset 1

1 Höre dir Track 1 an. Wie oft hörst du die Geräusche? Zähle mit und schreibe auf.

Schnipsen	Hämmern	Klingeln	Schritte	Wassertropfen

2 Sei ein Zahlendetektiv: Male in der gleichen Farbe an, was zusammengehört.

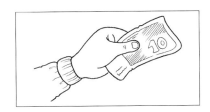   16. Oktober   10 Euro

089/12 34 56

3 Wie viele sind es? Schreibe als Zahl, Striche und Würfelaugen.

Zahlen und Operationen • Niveau A • Übungsset 1

4 Ergänze.

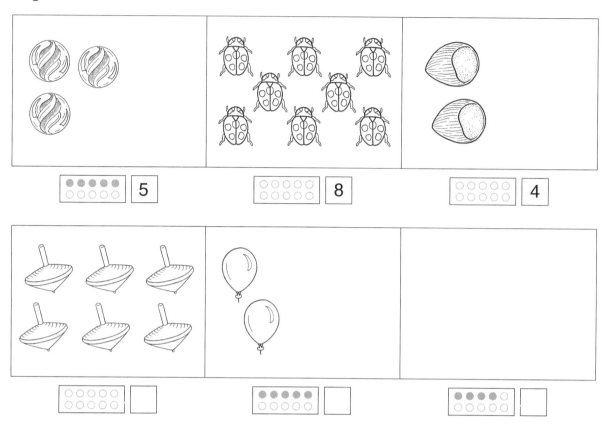

5 Schreibe die Zahl auf und streiche weg.

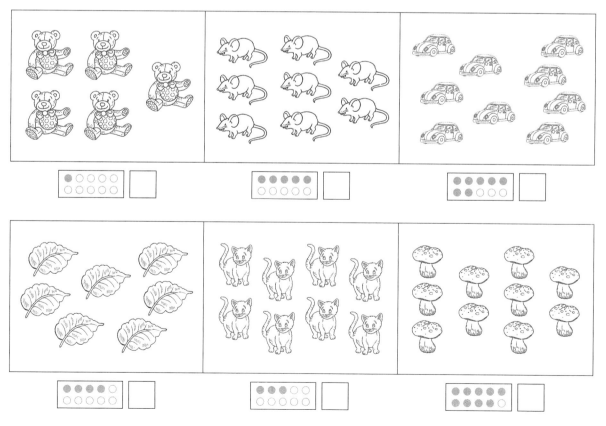

Übungsset 2

1 Höre dir Track 2 an. Welche Zahl hörst du? Schreibe sie auf.

2 Zähle und schreibe die Zahl auf.

3 Male dazu oder streiche weg.

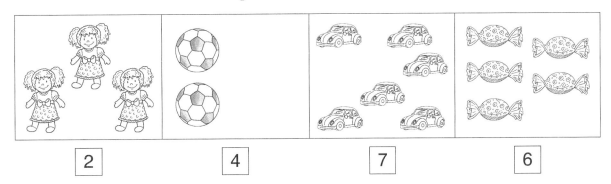

4 Ergänze Zahl oder Würfelbild.

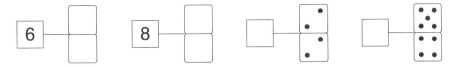

5 Ergänze Zahl oder Strichbild.

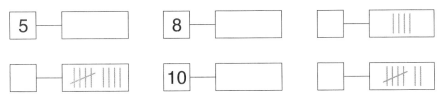

Zahlen und Operationen • Niveau A • Übungsset 2

6 Schreibe die fehlenden Zahlen in die Lücken.

a) 1; ____; 3; ____; 5; ____; ____

b) ____; ____; 5; ____; 7; ____; 9

c) ____; 6; ____; 4; ____; 2; 1

7 Schau dir die Schüttelboxen genau an. Ergänze.

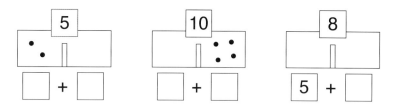

☐ + ☐   ☐ + ☐   5 + ☐

8 Wie viele Plättchen fehlen? Male die fehlenden Plättchen dazu und löse die Aufgaben.

○ ○ ○ ○   ○ ○ ○

4 + ____ = 7   3 + ____ = 5

○ ○

2 + ____ = 4   0 + ____ = 8

9 Wie viele Springseile sind es? Kreuze an.

☐ Es sind 4 Springseile.
☐ Es sind 8 Springseile.
☐ Es sind 6 Springseile.

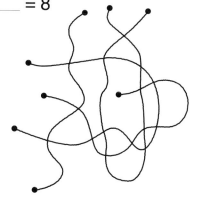

10 Finde 3 mögliche Plusaufgaben und ergänze die Schüttelboxen.

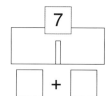 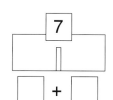 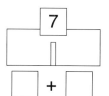

☐ + ☐   ☐ + ☐   ☐ + ☐

Übungsset 3

1 Trage richtig ein: Vorgänger (V), Zahl (Z) und Nachfolger (N).

a)

V	Z	N
	4	
	1	
	6	
	9	
	7	

b)

V	Z	N
3		
		6
	2	
7		
		4

2 Nummeriere die Kinder der Reihe nach. Beginne mit dem **höchsten**.

3 a) Fülle die Lücken am Zahlenstrahl aus.

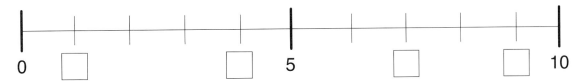

b) Verbinde die angegebenen Zahlen richtig.

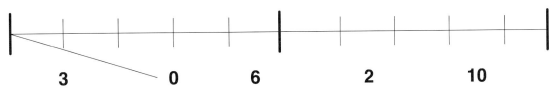

4 a) Löse die Plusgeschichten.

4 + _____ = 6

_____ + _____ = _____

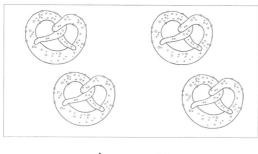

_____ + _____ = _____

_____ + _____ = _____

_____ + _____ = _____

_____ + _____ = _____

 b) Male eine eigene Plusgeschichte. Schreibe die Aufgabe dazu.

_____ + _____ = _____

Übungsset 4

1 Welche Zahlen fehlen? Trage ein.

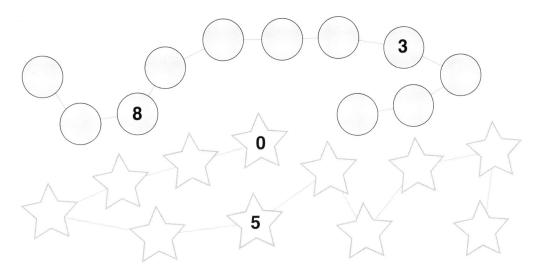

2 Schreibe jeweils die passende Plusaufgabe.

____ + ____ = ____   ____ + ____ = ____   ____ + ____ = ____

3 Zerlege die Zahl 5 nach dem vorgegebenen Muster.

Plättchen	Rechnung
○○○○○	0 + 5 = 5
●○○○○	1 + ____ = ____
●●○○○	____ + ____ = ____
○○○○○	____ + ____ = ____
○○○○○	____ + ____ = ____
○○○○○	____ + ____ = ____

Zahlen und Operationen • Niveau A • Übungsset 4

4 Hier siehst du Aufgaben und Tauschaufgaben:

| 3 + 5 | 2 + 6 | 5 + 2 | 4 + 1 |

| 1 + 4 | 7 + 1 | 5 + 3 | 2 + 5 |

| 6 + 2 | 4 + 3 | 1 + 7 | 3 + 4 |

a) Was passt zusammen? Male jeweils Aufgabe und Tauschaufgabe mit der gleichen Farbe an.

b) Schreibe die Ergebnisse unter die Aufgaben. Achtung: Du musst pro Farbe nur einmal rechnen.

5 Löse die Zahlenmauern. Baue dann eine eigene Zahlenmauer.

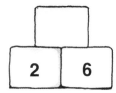   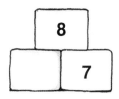   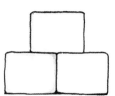

6 a) Betrachte die Aufgabenreihen und setze sie fort.

6 + ____ = 9   3 + ____ = 8
5 + ____ = 9   4 + ____ = 8
4 + ____ = 9   5 + ____ = 8
3 + ____ = 9   6 + ____ = 8
2 + ____ = 9   7 + ____ = 8
1 + ____ = 9   8 + ____ = 8

 b) Kannst du diese Lücken auch lösen? Trage die richtigen Zahlen ein.

2 + 1 + 3 = ____   2 + 2 + ____ = 6   4 + ____ + 1 = 5
1 + 3 + 0 = ____   1 + ____ + 1 = 5   1 + 2 + ____ = 6

Übungsset 5

1 Vergleiche. Trage <, > oder = ein.

3 < _____

2 Schreibe Aufgabe und Tauschaufgabe zu jedem Würfelpaar.

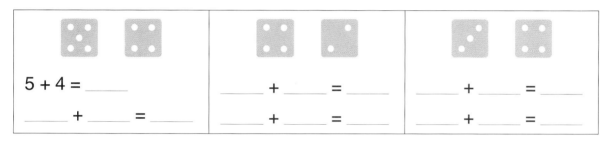

5 + 4 = _____

_____ + _____ = _____

_____ + _____ = _____

_____ + _____ = _____

_____ + _____ = _____

_____ + _____ = _____

3 Schreibe die passenden Minusaufgaben.

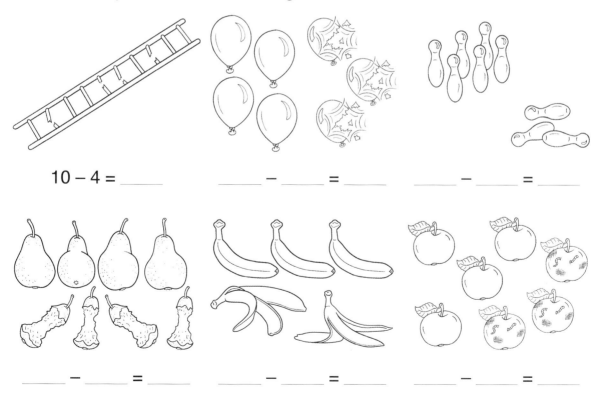

10 − 4 = _____   _____ − _____ = _____   _____ − _____ = _____

_____ − _____ = _____   _____ − _____ = _____   _____ − _____ = _____

4 Rechne. Achte auf das Rechenzeichen.

3 + 4 = _____   0 + 8 = _____   1 + 9 = _____
7 − 6 = _____   10 − 3 = _____   5 − 4 = _____
4 + 5 = _____   5 − 5 = _____   8 − 2 = _____

5 + oder −? Setze richtig ein.

4 ☐ 2 = 6   4 ☐ 1 = 3   3 ☐ 3 = 0
8 ☐ 5 = 3   7 ☐ 2 = 5   2 ☐ 2 = 4

6 Welche Zahl passt? Kreuze richtig an.

2949	1331	4154	8392
☐	☐	☐	☐

7 a) Patrick hat einen roten, einen blauen und einen gelben Pulli. Er hat eine blaue Hose. Welche verschiedenen Möglichkeiten hat er, sich damit anzuziehen? Du kannst malen oder schreiben.

Patrick hat _____ Möglichkeiten, sich anzuziehen.

 b) Wie viele Möglichkeiten sind es mit 2 Hosen?

Nun hat Patrick _____ Möglichkeiten, sich anzuziehen.

Übungsset 6

1 Wie viele sind es? Zähle und schreibe auf (Z = Zehner, E = Einer).

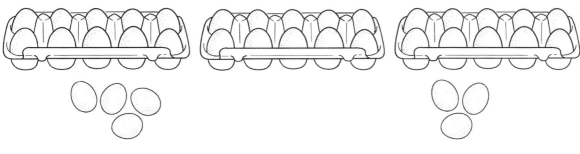

2 a) Schreibe die Plusaufgaben mit 10.

10 + 4 = _____   _____   _____

b) Schreibe und rechne auch hier die Plusaufgaben.

7 + _____ = _____   _____ + _____ = _____

3 Verbinde die angegebenen Zahlen richtig.

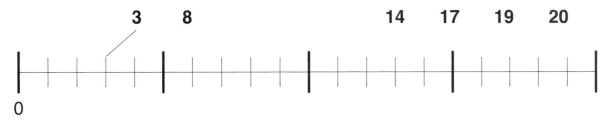

4 Verbinde jeweils Aufgabe und Umkehraufgabe und rechne.

6 + 3 = 9	9 – 8 = ___
8 + 2 = ___	10 – 6 = ___
7 + 3 = ___	9 – 3 = ___
1 + 8 = ___	10 – 2 = ___
4 + 6 = ___	10 – 3 = ___

5 Trage richtig ein: Vorgänger (V), Zahl (Z) und Nachfolger (N).

V	Z	N
	17	
	11	
	19	

V	Z	N
		14
	9	
		16

6 Rechne. **Tipp:** Nutze die kleinen Aufgaben als Rechentrick!
Bei Aufgabe 6e musst du dir die kleine Aufgabe selbst überlegen.

a) 6 + 3 = ___
    16 + 3 = ___

b) 4 + 5 = ___
    14 + 5 = ___

c) 2 – 0 = ___
    12 – 0 = ___

d) 7 – 6 = ___
    17 – 6 = ___

e) 13 + 2 + 3 = ___
    16 – 2 – 1 = ___
    14 + 3 – 2 = ___
    10 + 5 – 5 = ___

7 Fülle die Tabellen aus. Achte auf das Rechenzeichen.

a)

+	7	2	4
3			
11			

b)

–		6	5
8	5		
			15

8 Kleiner, größer oder gleich? Setze <, > oder = ein.

17 − 5   10   19   20 − 9

13 + 1   18   14   11 + 3

9 a) Bevor ich in den Bus steige, sind dort zusammen mit dem Busfahrer schon 11 Leute. An meiner Haltestelle steigt außer mir niemand zu. An der nächsten Haltestelle steigen 2 Leute aus und 9 Leute ein. Ich bleibe im Bus. Wie viele Fahrgäste sind jetzt im Bus?

Es sind _____ Leute im Bus.

b) Ich steige mit aus. Wie viele sind es nun? Kreuze an.

16	10	18	15	12
☐	☐	☐	☐	☐

10 Tims Schloss am Fahrrad hat 3 Ziffern:

Leider kann er sich an die Reihenfolge der Ziffern nicht mehr erinnern. Schreibe alle Möglichkeiten auf. Wie viele sind es?

Tim hat _____ Möglichkeiten.

Übungsset 7

1 Fülle die Rechenhäuser aus.

a) +7

3	
6	
7	
4	
8	

b) −9

12	
15	
18	
16	
14	

c)

+				
6	11			
8			16	
10		13		19

2 Ergänze die Zahlenmauern.

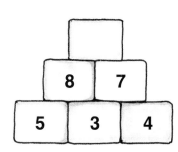
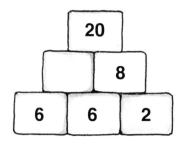
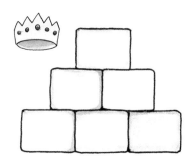

Zahlen und Operationen • Niveau A • Übungsset 7

3 Was ist deine Lieblingszahl bis 20?

Das ist meine Lieblingszahl: ☐

So kann ich meine Lieblingszahl darstellen:

Striche	Würfel	Dinge	Einerpunkte / Zehnerstäbe

Trage deine Zahl auf der Zwanziger-Tafel ein:

1									
									20

Schreibe vier Plus- und Minusaufgaben mit deiner Lieblingszahl als Ergebnis:

4 Schreibe zu jeder Aufgabe die Umkehraufgabe und rechne.

2 + 5 = _____   7 + 3 = _____   4 + 4 = _____   3 + 6 = _____
U: _____   U: _____   U: _____   U: _____

7 − 4 = _____   9 − 5 = _____   6 − 4 = _____   8 − 5 = _____
U: _____   U: _____   U: _____   U: _____

Zahlen und Operationen • Niveau A • Übungsset 7

5 Male in der gleichen Farbe an, was zusammengehört: Rechengeschichte, Frage, Rechnung und Antwort.

Michael baut einen Turm mit 15 Legosteinen. Katharina nimmt 4 Steine weg.	Wie viele Legosteine hoch war der Turm zuvor?	15 + 4 = ___	Auf dem Parkplatz stehen noch ___ Autos.
Susanne steckt 7 Legosteine auf Pias Turm. Nun ist er 19 Legosteine hoch.	Wie viele Legosteine hoch ist dann der Turm?	20 − 8 = ___	In der Garage stehen dann ___ Autos.
In einer Tiefgarage stehen 15 Autos. 4 Autos fahren noch hinein.	Wie viele Autos stehen noch auf dem Parkplatz?	15 − 4 = ___	Der Turm ist ___ Legosteine hoch.
Auf einem Parkplatz stehen 20 Autos. 8 Autos fahren weg.	Wie viele Autos sind dann in der Garage?	19 − 7 = ___	Der Turm war ___ Legosteine hoch.

6 Ali hat viele Bücher im Regal. Er leiht 3 Bücher an seine Freunde aus. Nun stehen noch 14 Bücher im Regal.

Frage: Wie viele Bücher waren vorher in Alis Regal?

Es waren ___ Bücher in Alis Regal.

Übungsset 8

1 Höre dir Track 3 an. Rechne und schreibe die Ergebnisse auf.

1	2	3	4	5	6	7	8	9	10

2 a) Zeichne immer das Doppelte. Rechne dann.

3 + _____ = _____   _____ + _____ = _____   _____ + _____ = _____

b) Trage das Doppelte ein.

Zahl	3	4	2	6
das Doppelte				

 c) Ergänze die fehlenden Zahlen.

Zahl	7		9	
das Doppelte		10		20

3 a) Halbiere.

●●●●● ●●●●●   ●●●●● ●●●●●
                       ●   ●

10 = 5 + _____   12 = _____ + _____

●●●●● ●●●●●   ●●●●● ●●●●●
●●●●● ●●●●●   ●●●   ●●●

_____ = _____ + _____   _____ = _____ + _____

b) Ergänze die fehlenden Zahlen.

Zahl	2	14		18	20	
die Hälfte			4			0

4 a) Male jeweils die Aufgabe und die Tauschaufgabe in der gleichen Farbe an und rechne. Tipp: Du musst pro Farbe nur einmal rechnen.

9 + 8 = ___	7 + 6 = ___	9 + 10 = ___	5 + 4 = ___
6 + 7 = ___	5 + 4 = ___	8 + 9 = ___	10 + 9 = ___

b) Male jeweils die Aufgabe und die Umkehraufgabe in der gleichen Farbe an und rechne.

9 + 9 = ___	8 + 7 = ___	7 + 6 = ___	9 − 5 = ___
13 − 6 = ___	4 + 5 = ___	18 − 9 = ___	15 − 7 = ___

5 Ergänze die Rechendreiecke.

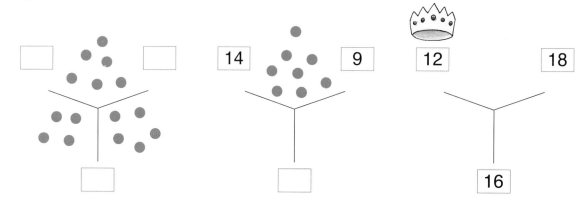

6 Male die geraden Zahlen blau und die ungeraden Zahlen gelb an.

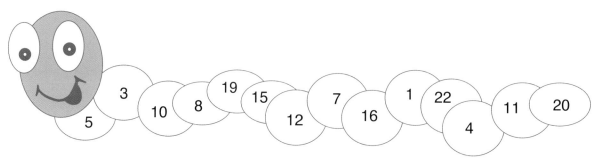

7 In der Klasse 1b sind am Anfang des Schuljahres insgesamt 18 Kinder. Davon sind die Hälfte Mädchen. Im Januar kommen noch 2 Jungen dazu.
Wie viele Mädchen und Jungen sind nun in der Klasse 1b?

In der Klasse 1b sind _____ Jungen und _____ Mädchen.

8 Susi und Lisa kaufen sich in der Eisdiele ein Eis mit zwei verschiedenen Kugeln in der Waffel. Es gibt Vanille, Schoko und Erdbeere.

a) Wie viele Möglichkeiten haben die zwei für ihr Eis? Male oder schreibe alle Möglichkeiten auf. Beachte die Reihenfolge der Kugeln.

Sie haben _____ Möglichkeiten.

b) Wie viele Möglichkeiten haben sie, wenn sie eine Eissorte auch doppelt nehmen können?

Sie haben _____ Möglichkeiten.

Übungsset 9

1 Ergänze die Zielscheiben.

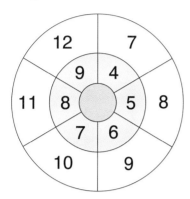 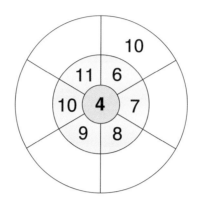 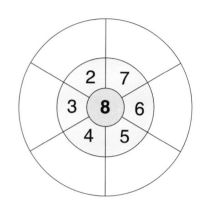

2 Rechne und überlege weiter. Formuliere jeweils die Regel.

a) 4 + 6 = ____   Die erste Zahl _____
 4 + 7 = ____   und die zweite Zahl _____
 4 + 8 = ____   _____ .
 4 + ____ = ____   Das Ergebnis wird somit auch immer um
 4 + ____ = ____   _____ .

b) 8 + 2 = ____   Die erste Zahl wird immer um
 7 + 3 = ____   _____ und die
 6 + ____ = ____   zweite Zahl wird immer um
 5 + ____ = ____   _____ .
 ____ + ____ = ____   Das Ergebnis bleibt somit
 ____ + ____ = ____   _____ .

c) 2 + 9 = ____   Die erste Zahl wird immer um
 3 + 8 = ____   _____ und die
 4 + ____ = ____   zweite Zahl wird immer um
 5 + ____ = ____   _____ .
 ____ + ____ = ____   Das Ergebnis bleibt somit
 ____ + ____ = ____   _____ .

3 a) Rechne und bilde die Tauschaufgaben.

9 + 1 = ____   3 + 9 = ____   0 + 6 = ____

____ + ____ = ____   ____ + ____ = ____   ____ + ____ = ____

b) Rechne und bilde die Umkehraufgaben.

15 − 6 = ____   11 − 8 = ____   17 − 9 = ____

____ + ____ = ____   ____ + ____ = ____   ____ + ____ = ____

4 Löse die Aufgabenfamilien.

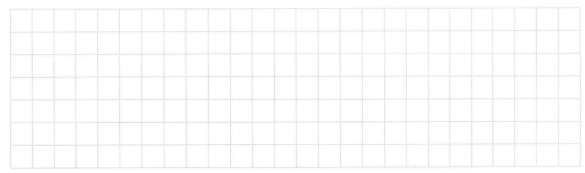

6 + 5 = ____   _____   _____   _____

5 + 6 = ____   _____   _____   _____

11 − 5 = ____   _____   _____   _____

11 − 6 = ____   _____   _____   _____

5 In einer Schachtel liegen 19 Bonbons. Mama gibt ihren 4 Kindern je 2 Bonbons. Wie viele Bonbons sind noch in der Schachtel?

Es sind noch _____ Bonbons in der Schachtel.

Zahlen und Operationen • Niveau A • Übungsset 9

6 In der Grundschule Hettenstein gibt es Fahrzeuge für die Spielzeit am Nachmittag. Im Frühling erhalten die Kinder 3 Kettcars und 2 Roller. Nun sind es 14 Fahrzeuge. Wie viele Fahrzeuge waren es am Anfang?

Am Anfang waren es _____ Fahrzeuge.

7 In der Sporthalle gibt es 12 Bälle. Die Klasse 1c braucht zum Spielen 20 Bälle. Wie viele Bälle fehlen noch?

Es fehlen noch _____ Bälle.

8 a) Löse die Zahlenmauern.

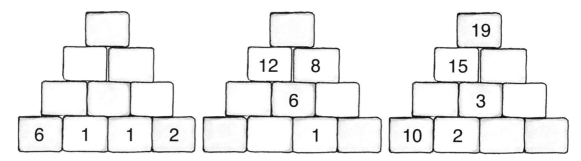

 b) Finde die Fehler und tausche die falschen Steine aus.

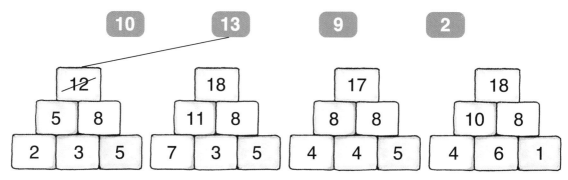

Übungsset 1

1 Markiere Umkehraufgabe und Aufgabe jeweils in der gleichen Farbe.

16 − 8 = 8

8 + 6 = 14

13 − 4 = 9

9 + 4 = 13

14 − 8 = 6

11 − 6 = 5

8 + 8 = 16

14 − 6 = 8

5 + 6 = 11

6 + 8 = 14

2 a) Welche Aufgaben kannst du mit diesen Zahlen bilden? Schreibe sie auf.

6 7 13	8 4 12	9 16 7	17 8 9

b) Kreise die Tauschaufgaben mit einem grünen Stift ein.

3 a) Fülle die Zahlenmauern aus.

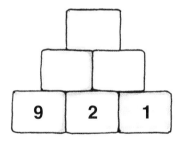 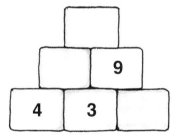 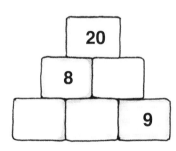

 b) Was passiert, wenn du zwei Zahlen der unteren drei Steine um 2 erhöhst?

Antwort: _____

Zahlen und Operationen • Niveau B • Übungsset 1

4 Wie heißen die Zahlen? Schreibe die Zahlen und die Zahlwörter auf.

Z	E	Zahl	Zahlwort
• • • •	• •		
• • • • • • •	• • • • •		
• • • • • • • • •	• • • • • • • • •		
• • •	• • • • • •		

5 Male Plättchen in die Stellentafel und schreibe die Zahlen auf.

Z	E	Zahl	Zahlwort
			fünfundsechzig
			achtundzwanzig
			zweiundachtzig
			siebenundvierzig

6 Welche Zahlen sind das?

a) Meine Zahl hat 5 Zehner und 7 Einer. _____

b) Meine Zahl hat 4 Zehner und doppelt so viele Einer. _____

c) Wenn ich von meiner Zahl ein Plättchen von der Einer- auf die Zehnerstelle lege, erhalte ich 52. _____

 d) Meine beiden Zahlen sind ungerade und haben doppelt so viele Zehner wie Einer.

Zahlen und Operationen • Niveau B • Übungsset 1

7 Ahmet sammelt Fußballkarten in einem Stickerheft. Auf jede Doppelseite gehören 18 Karten. Hier hat er schon 12 Stück eingeklebt:

a) Kreuze die passende Frage zur Geschichte an.
   ☐ Wie viele Karten fehlen ihm auf dieser Doppelseite?
   ☐ Wie viele Karten kleben insgesamt im Heft?
   ☐ Welche Karten fehlen ihm?

b) Bilde die Rechnung zur passenden Frage und schreibe die Antwort auf.

Antwort: _____.

c) Auch Marina sammelt gern Fußballbilder. Ihr fehlen auf der Seite ebenfalls noch einige Sticker. Erstelle für Marina eine mögliche Rechengeschichte und schreibe sie hier auf.

Zahlen und Operationen • Niveau B • Übungsset 2

Übungsset 2

1 Lena hat diese Zahl gelegt:

Z	E
••••• ••	••••

a) Wie heißt die Zahl? Schreibe auf.

Zahl	Zahlwort

b) Andrea nimmt zwei Plättchen weg. Welche Zahlen können entstehen? _____

c) Leon legt zwei Plättchen in Lenas Stellenwerttafel dazu. Welche Zahlen können entstehen? _____

2 Du hast immer 8 Plättchen. Male sie so in die Stellenwerttabelle, dass du …

	Z	E	Zahl
die größtmögliche Zahl erhältst.			
die kleinstmögliche Zahl bildest.			
eine Zahl mit gleich vielen Zehner und Einern erhältst.			
eine Zahl mit sieben Zehnern bildest.			

3 Löse die Platzhalteraufgaben.
Tipp: Das Umstellen der Aufgaben kann dir helfen.

a) 7 + _____ = 15
    9 + _____ = 18
    6 + _____ = 11

b) 16 − _____ = 9
    14 − _____ = 8
    12 − _____ = 4

c) 5 + _____ = 14
    10 − _____ = 3
    17 − _____ = 8

4 a) Welche Zahlen verstecken sich hinter den Symbolen?

1	2	3	4	5	6	7	8	9	10
11	12	🔔	14	15	16	17	18	19	20
21	22	23	24	25	🌷	27	28	29	30
31	♥	33	34	35	36	37	38	🚌	40
41	42	43	44	45	46	47	48	49	50
51	42	53	🦀	55	56	57	58	59	60
61	62	63	65	65	66	67	68	69	☂
71	72	73	74	🐁	76	77	78	79	80
81	82	83	84	85	86	🚀	88	89	90
★	92	93	94	95	96	97	98	99	100

b) Was geht wohin? Beschreibe die Wege mit Pfeilen.
   Beispiel: 🔔 zu 🚀 : → → → → ↓ ↓ ↓ ↓ ↓ ↓ ↓

   🦀 zu 🌷 _____

   ♥ zu ★ _____

Zahlen und Operationen • Niveau B • Übungsset 2

 c) Hinter den Wegen aus Aufgabe 4b verstecken sich Rechenaufgaben. Kannst du sie erkennen?

Tipp: → = +1, ↓ = +10, ← = – _____, ↑ = – _____

Wie heißen die Rechnungen zu den Wegen aus Aufgabe 4b?

🔔 zu 🚀:

13 + 1 + 1 + 1 + 1 + …

 zu :

_____

♥ zu ★:

_____

5 Löse die verwandten Aufgaben. Finde selbst weitere.

5 + 3 = ___	7 – 2 = ___	9 – 4 = ___
15 + 3 = ___	27 – 2 = ___	89 – 4 = ___
25 + 3 = ___	57 – 2 = ___	___ – ___ = ___
___ + ___ = ___	___ – ___ = ___	___ – ___ = ___
___ + ___ = ___	___ – ___ = ___	___ – ___ = ___

6 Betrachte die Aufgabenreihen und setze sie fort.

62 + 2 = ___	47 + 2 = ___	78 – 7 = ___
62 + 3 = ___	46 + 3 = ___	78 – 6 = ___
62 + 4 = ___	45 + 4 = ___	78 – 5 = ___
___ + ___ = ___	___ + ___ = ___	___ – ___ = ___
___ + ___ = ___	___ + ___ = ___	___ – ___ = ___
___ + ___ = ___	___ + ___ = ___	___ – ___ = ___
___ + ___ = ___	___ + ___ = ___	___ – ___ = ___

7 Kann das stimmen? Überprüfe die Rechnungen. Verbessere falsche Ergebnisse auf der Schreiblinie daneben, hake richtige ab.

a) 38 + 7 = 45 _____ b) 43 − 8 = 52 _____ c) 66 + 5 = 70 _____
54 + 8 = 62 _____ 71 − 6 = 65 _____ 75 − 6 = 81 _____
79 + 3 = 83 _____ 88 − 9 = 80 _____ 48 + 4 = 52 _____
27 + 6 = 33 _____ 26 − 7 = 19 _____ 51 − 8 = 57 _____

 d) Betrachte die fehlerhaften Aufgaben von Aufgabe 7c. Welche Fehler wurden hier gemacht?

_____

_____

8 Johannes möchte sich ein Pausenbrot machen. Hier siehst du, was er zur Auswahl hat:

  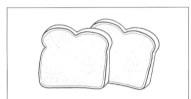

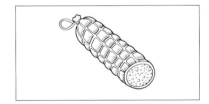 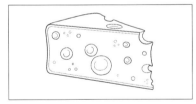 

Er möchte das Brot mit **einer** Brotsorte und **einem** Belag zubereiten. Wie viele Möglichkeiten hat er? Male oder schreibe deine Lösungen auf.

Johannes hat _____ Möglichkeiten für das Pausenbrot.

29

Zahlen und Operationen • Niveau B • Übungsset 3

Übungsset 3

1 a) Höre dir Track 4 an. Schreibe die diktierten Zahlen auf.

1	2	3	4	5	6	7	8	9	10

b) Kreise alle geraden Zahlen in Aufgabe 1a ein.

2 Trage richtig ein: Vorgänger (V), Zahl (Z) und Nachfolger (N).

V	Z	N
	42	
	68	
	99	
	70	
	29	

V	Z	N
	75	
		23
	87	
	33	
		51

3 Vergleiche jeweils die beiden Zahlen. Trage <, > oder = ein.

54   50   89   71

23   32   90   90

18   100   17 + 5   23

95   99   87   79 + 8

4 Löse die Platzhalteraufgaben.
Tipp: Das Umstellen der Aufgaben kann dir helfen.

a) 18 + ____ = 23   b) 32 − ____ = 26   c) 67 + ____ = 74

     46 + ____ = 54   81 − ____ = 74   60 − ____ = 10

Zahlen und Operationen • Niveau B • Übungsset 3

5 a) Schreibe zu jedem Rechenbild eine Plus- oder eine Minusaufgabe.

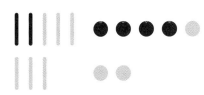

_____

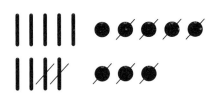

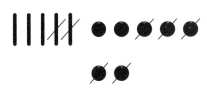

_____

b) Zeichne zu den folgenden Aufgaben eigene Rechenbilder. Benutze dabei Zehnerstangen und Einerpunkte und löse die Aufgabe mithilfe deiner Zeichnung.

56 + 29 = _____   82 − 36 = _____

 Was fällt dir auf?

_____

6 Rechne.

a) 27 + 30 = _____   b) 88 − 50 = _____   c) 32 + _____ = 92
   38 + 50 = _____   53 − 40 = _____   84 − _____ = 34
   55 + 40 = _____   49 − 20 = _____   66 + _____ = 86
   40 + 42 = _____   75 − 30 = _____   57 − _____ = 17
   70 + 18 = _____   96 − 60 = _____   _____ + 60 = 73
   54 + 30 = _____   36 − 30 = _____   _____ − 80 = 11

7 Rechne auf deinem Weg.

a) 27 + 35 = _____   47 + 45 = _____   68 + 27 = _____

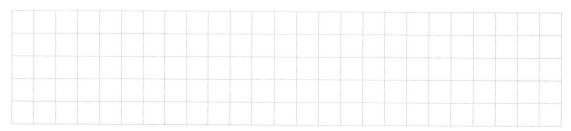

b) 83 − 55 = _____   53 − 36 = _____   96 − 68 = _____

c) 43 + 39 = _____   83 − 18 = _____   74 − 29 = _____

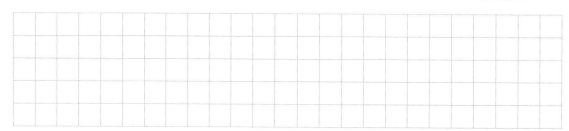

 d) Welcher Trick kann dir bei Aufgabe 7c helfen?

_____

8 Ergänze die Zahlenmauern.

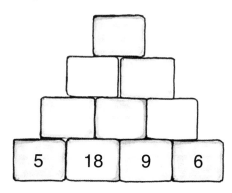
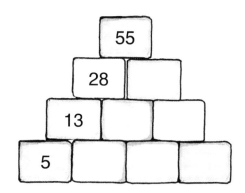

Übungsset 4

1 Trage die Zahlen am Zahlenstrahl ein. Verbinde die Zahlen darunter an die richtige Stelle.

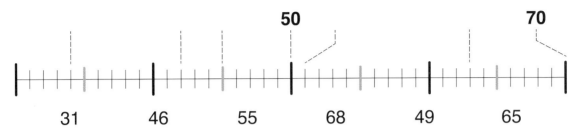

31   46   55   68   49   65

2 a) Finde die passenden Plus- und Malaufgaben. Rechne aus.

4 + 4 + 4 = _____

3 · 4 = _____

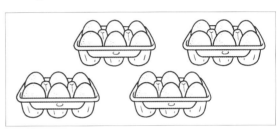

6 + _____ + _____ + _____ = _____

_____ · 6 = _____

_____ + _____ + _____ + _____ + _____ + _____ = _____

_____ · _____ = _____

_____ + _____ + _____ + _____ + _____ = _____

_____ · _____ = _____

b) Zeichne und rechne.

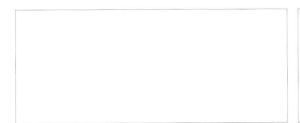

9 · 2 = _____

4 · 5 = _____

Zahlen und Operationen • Niveau B • Übungsset 4

3 a) Verbinde die Aufgaben, die zusammengehören. Rechne aus.

6 · 3 = ___   2 · 9 = ___   4 · 7 = ___

2 + 2 + 2 + 2 + 2 + 2 = ___   6 + 6 + 6 + 6 + 6 = ___

8 + 8 + 8 = ___   7 + 7 + 7 + 7 = ___   9 + 9 = ___

5 · 6 = ___   3 · 8 = ___

 b) Zwei Aufgaben haben keinen Partner gefunden. Schreibe sie hier geordnet auf und ergänze die passende Aufgabe:

4 Turkan will zum Basketballtraining und weiß nicht genau, was er anziehen soll. In seinem Schrank sind eine rote, eine blaue, eine grüne und eine gelbe Hose 🩳. Dazu hat er ein weißes, ein schwarzes und ein graues T-Shirt 👕 zur Auswahl.
Male oder schreibe alle Möglichkeiten auf, wie er sich kleiden kann.
Kreise die Möglichkeit ein, die du am schönsten findest.

Turkan hat _____ Möglichkeiten.

Zahlen und Operationen • Niveau B • Übungsset 4

5 Hier siehst du Ausschnitte aus einem Hunderterfeld. Finde zu jeder dargestellten Malaufgabe auch die Nachbaraufgaben.

a)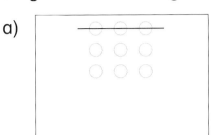

  2 · 3 = _____   3 · 3 = _____   4 · 3 = _____

b)

c)

d)

Übungsset 5

1 Höre dir Track 5 an. Überlege und schreibe die Ergebnisse auf.

1	2	3	4	5	6	7	8	9	10

2 Jana und Tom sind auf dem Jahrmarkt. Sie sehen sich die Lostrommeln an. Welche Zahlen gewinnen? Schreibe sie darunter auf die Linie.

1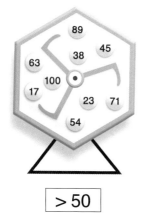

> 50

2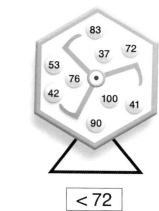

< 72

3 a) Verbinde jede Aufgabe mit ihrer Tauschaufgabe und rechne aus.

5 · 2 = ___	4 · 5 = ___
10 · 7 = ___	3 · 9 = ___
6 · 5 = ___	2 · 5 = ___
5 · 4 = ___	7 · 10 = ___
9 · 3 = ___	5 · 6 = ___

 b) Bei Quadrataufgaben gibt es keine Tauschaufgabe. Woran liegt das? Begründe und nenne ein Beispiel.

4 Kreise ein und rechne.

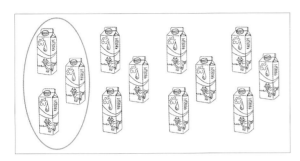

12 : 3 = ____

____ · 3 = 12

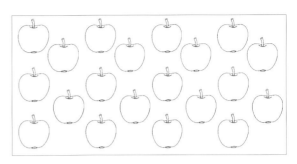

20 : 5 = ____

____ · ____ = 20

40 : 4 = ____

____ · ____ = 40

14 : 7 = ____

____ · ____ = 14

5 Schreibe zu jedem Bild eine Geteiltaufgabe.

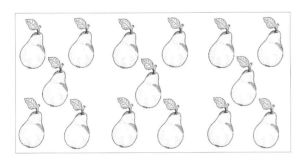

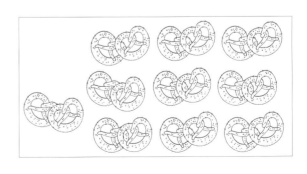

Zahlen und Operationen • Niveau B • Übungsset 5

6 Emily und Tom haben im Garten verschiedene Gewächse eingepflanzt.

Stimmen die Aussagen? Achte auf das Bild. Schreibe Rechnungen zu den Aussagen und kreuze an.

	Rechnung	richtig	falsch
Die beiden Kinder ernten 11 Salatköpfe.		☐	☐
Am Himmel fliegen 9 Vögel.		☐	☐
Die Kirschen können Emily und Tom gerecht unter sich aufteilen.		☐	☐
Die Kinder können insgesamt 28 Tomaten ernten.		☐	☐
Emily und Tom möchten die Tomaten mit Ahmed und Lisa teilen. Jedes Kind erhält dann 5 Tomaten.		☐	☐

Übungsset 6

1 Ergänze die folgenden Rechenzeichen: +, −, =, >, <

62	28 = 34	82 − 35	28	90	46 = 44
23	49 = 72	35 + 58	93	54	28 = 82
28	35 = 63	76 − 49	25	64 − 39	35
81	22 = 59	98	59 + 39	26 + 58	83
93	67 = 26	35	63 − 28	42	71 − 29

2 a) Addiere die Zahlen in den Türmen. Male die Türme an, deren Zahlen genau 100 ergeben.

b) Ergänze die Zahlentürme so, dass 100er-Türme entstehen.

c) Erfinde eigene 100er-Zahlentürme mit jeweils vier Zahlen.

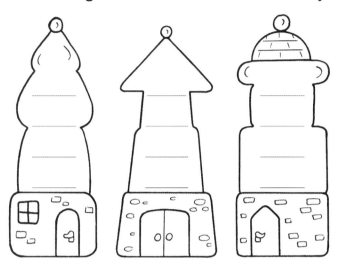

3 Rechne die Kernaufgaben aus dem Einmaleins aus.

2 · 5 = _____   2 · 6 = _____   8 · 2 = _____

5 · 5 = _____   10 · 6 = _____   9 · 2 = _____

4 · 5 = _____   5 · 6 = _____   3 · 4 = _____

2 · 3 = _____   2 · 7 = _____   4 · 4 = _____

5 · 3 = _____   5 · 7 = _____   6 · 6 = _____

10 · 3 = _____   7 · 7 = _____   9 · 9 = _____

4 Drei Zahlen, vier Aufgaben.

a) Finde je zwei Mal- und zwei Geteiltaufgaben zu den drei Zahlen.

5 6 30	3 8 24	7 9 63
5 · 6 = 30	_____	_____
_____	_____	_____
_____	_____	_____
_____	_____	_____

b) Kreise bei Aufgabe 4a immer die Malaufgabe und ihre Umkehraufgabe in der gleichen Farbe ein.

Zahlen und Operationen • Niveau B • Übungsset 6

5 Hier siehst du den Übersichtsplan von einem Zoo:

a) Als Erstes möchtest du auf dem kürzesten Weg zu den Giraffen.

   Frage: Wie weit musst du gehen, bis du ihr Gehege erreichst?

   Rechnung:

   Antwort:

b) Der Zaun um das Gehege der Pandabären muss erneuert werden.

   Frage:

   Rechnung:

   Antwort:

Zahlen und Operationen • Niveau B • Übungsset 7

Übungsset 7

1 Höre dir Track 6 an. Überlege und schreibe die Ergebnisse auf.

1	2	3	4	5	6	7	8	9	10

2 Löse die Rechengeschichten.
Tipp: Punktebilder zu den Aufgaben können dir helfen.

a) Auf dem Tisch liegen 3 Mäppchen mit je 6 Stiften.

Frage: Wie viele Stifte sind es insgesamt?

Antwort: _____

b) Als Nachspeise gibt es Obst. Es sind 30 Erdbeeren und 5 Kinder. Die Erdbeeren sollen gerecht verteilt werden.

Frage: Wie viele Erdbeeren bekommt jedes Kind?

Antwort: _____

3 Anna und ihre Schwester haben 7 Kekse. Können sie gerecht teilen? Begründe.

Zahlen und Operationen • Niveau B • Übungsset 7

4 Im Klassenzimmer: Die Kinder aus dem Mathe-Knobelkurs möchten sich umsetzen. Sie haben folgende Wünsche geäußert:

Ich will nicht genau gegenüber von Kurt sitzen, gerne aber neben einem Mädchen.

Am liebsten will ich neben Luca sitzen.

Mein Lieblingsplatz ist neben dem Fenster.

Ich sitze gern allein und nicht zu nah an der Tafel. Es gefällt mir, aus dem Fenster sehen zu können, ohne mich umdrehen zu müssen.

Ich trage eine Brille. Am besten kann ich von der Tafel abschreiben, wenn ich direkt auf sie sehen kann.

Zahlen und Operationen • Niveau B • Übungsset 7

Trage die Namen an die Sitzplätze ein.

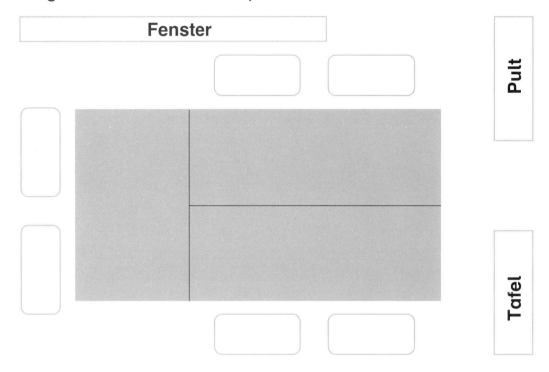

5 Zahlenrätsel. Schreibe die Rechnungen zu den Rätseln auf und male die richtigen Ergebnisse in den Luftballons am Rand an.

a) Meine Zahl ist um 15 kleiner als 62.

b) Meine Zahl erhältst du, wenn du zu 49 noch 12 hinzufügst.

c) Meine Zahl ist die Hälfte von 66.

d) Die Zahl liegt zwischen 10 und 20. Sie gehört zum 9er-Einmaleins.

e) Meine Zahl erhältst du, wenn du den Unterschied von 35 und 24 verdoppelst.

Übungsset 8

1 Setze die Aufgabenreihen sinnvoll fort und rechne.

a) 48 + 24 = _____
    48 + 25 = _____
    48 + 26 = _____
    48 + ____ = _____
    48 + ____ = _____
    ____ + ____ = _____

b) 74 − 55 = _____
    74 − 56 = _____
    74 − ____ = _____
    74 − ____ = _____
    ____ − ____ = _____
    ____ − ____ = _____

c) 3 · 4 = _____
    4 · 4 = _____
    5 · 4 = _____
    ____ · 4 = _____
    ____ · ____ = _____
    ____ · ____ = _____

d) 50 : 5 = _____
    45 : 5 = _____
    40 : ____ = _____
    35 : ____ = _____
    ____ : ____ = _____
    ____ : ____ = _____

2 a) Kleiner, größer oder gleich? Setze <, > oder = ein.

33 + 28   50   92 − 48   46   63 + 36   99 − 13
62 − 29   35   18 + 57   75   74 − 38   63 − 11

b) Welche Zahl musst du einsetzen?

34 + 37 = 42 + _____   73 − 23 = 74 − _____
46 + 49 = 27 + _____   79 − 31 = 89 − _____
53 + 27 = 60 + _____   97 − 27 = 90 − _____

c) Was ist das Besondere bei diesen Aufgaben? Begründe.

1 46 + _____ > 18 + 27   **2** 86 − 59 < 43 + _____

_____

_____

_____

Zahlen und Operationen • Niveau B • Übungsset 8

3 Sina geht mit ihrer Familie ins Freibad.

eine Kugel Eis 1 €
Muffin 1,20 €

Pommes 3,50 €
Käsesemmel 2,80 €
Pizzaschnitte 2,50 €

Wasser 1,50 €
Limonade 2 €

a) Stimmt das? Finde zu den richtigen Aussagen eine sinnvolle Rechnung. Begründe bei falschen Aussagen deine Entscheidung.

Tipp: Betrachte das Bild ganz genau.

	richtig	falsch	Rechnung oder Begründung
Im Babybecken sind doppelt so viele Kinder wie Erwachsene.	☐	☐	
90 Personen haben im Nichtschwimmerbecken Platz.	☐	☐	
Mit einem 10-€-Schein kann Sina drei Pizzaschnitten und eine Limonade kaufen.	☐	☐	
Im Nichtschwimmerbecken sind halb so viele Erwachsene wie Kinder.	☐	☐	
Die Hälfte der Gäste ist im Wasser, die andere Hälfte ist außerhalb der Becken.	☐	☐	

b) Sina kauft für ihre Familie am Kiosk ein. Sie bezahlt zwei Wasser, eine Limonade und drei Kugeln Eis mit einem 20-€-Schein.

Tipp: Schau dir das Bild auf der vorherigen Seite noch mal an.

Frage: _____

Antwort: _____

4 a) Kreise ein und rechne.

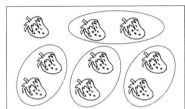 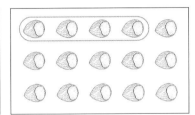 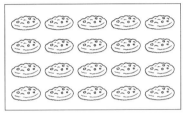

9 : 2 = _____   15 : 4 = _____   20 : 7 = _____
Rest _____   Rest _____   Rest _____

b) Berechne und begründe jeweils mit der Umkehraufgabe.

42 : 10 = _____, Rest _____, denn _____ · 10 = 40
54 : 10 = _____, Rest _____, denn _____ · 10 = _____
21 : 10 = _____, Rest _____, denn _____ · _____ = _____
42 : 5 = _____, Rest _____, denn _____ · 5 = _____
54 : 5 = _____, Rest _____, denn _____ · _____ = _____
74 : 8 = _____, Rest _____, denn _____ · 8 = _____
21 : 4 = _____, Rest _____, denn _____ · _____ = _____
32 : 6 = _____, Rest _____, denn _____ · _____ = _____

c) Berechne 26 : 4. Bei welchem Rest solltest du auf jeden Fall noch mal nachrechnen? Begründe, wie hoch der Rest höchstens werden darf.

Zahlen und Operationen • Niveau B • Übungsset 9

Übungsset 9

1 Höre dir Track 7 an. Überlege und schreibe die Ergebnisse auf.

1	2	3	4	5	6	7	8	9	10

2 a) Lege mit den Ziffernkarten Plusaufgaben aus zweistelligen Zahlen. Wie viele findest du? Schreibe sie auf. Achtung: Jede Ziffernkarte darf nur einmal vorkommen.

Wenn du mehr Platz brauchst, schreibe in deinem Heft weiter.

6   3   2   1

b) Finde mit den gleichen Ziffernkarten nun auch Minusaufgaben.

c) Vergleiche Aufgabe 2a und 2b. Was fällt dir auf?

Zahlen und Operationen • Niveau B • Übungsset 9

3 Ergänze die Malaufgaben-Kreise.

a) 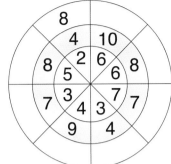   b)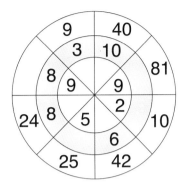

c)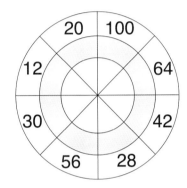

4 Trage die fehlenden Zahlen in die Kettenaufgabe ein.

$$23 \xrightarrow[-27]{+27} \quad \xrightarrow{-12}$$

$$\downarrow -18 \qquad\qquad\qquad\qquad\qquad \downarrow -10$$

$$5 \xleftarrow[:5]{} \quad 25 \xrightarrow{+3}$$

$$\downarrow \cdot 7 \qquad\qquad\qquad\qquad\qquad \downarrow : \_\_$$

$$\xrightarrow{+1} \qquad \xrightarrow{:9} \quad 4$$

5 Berechne und begründe mit der Umkehraufgabe.

22 : 4 = _____, Rest _____, denn _____ · 4 = _____

27 : 5 = _____, Rest _____, denn _____ · _____ = _____

38 : 9 = _____, Rest _____, denn _____ · 9 = _____

60 : 8 = _____, Rest _____, denn _____ · _____ = _____

48 : 5 = _____, Rest _____, denn _____ · _____ = _____

Zahlen und Operationen • Niveau B • Übungsset 9

6 Wir basteln eine Frühlingskarte.

Du hast ein gestreiftes, ein weißes und ein gepunktetes Blatt Papier sowie eine Schablone für einen Hasen oder ein Ei. Eine Karte besteht aus einem gefalteten Blatt Papier und einem Bild, das du aus einem anderen Blatt Papier ausschneidest.

a) Wie viele Möglichkeiten hast du, Karten zu basteln?
Male oder schreibe auf.

Ich kann _____ verschiedene Karten basteln.

b) Dein Freund möchte auch basteln und bringt noch ein grünes Blatt Papier mit. Wie viele Möglichkeiten ergeben sich nun?
Male oder schreibe auf.

Ich kann _____ verschiedene Karten basteln.

Lösungen – Niveau A

Übungsset 1

1 Höre dir Track 1 an. Wie oft hörst du die Geräusche? Zähle mit und schreibe auf.

Hinweis: Höre genau hin und zähle mit. Du kannst dir während des Hörens auch eine Strichliste für jedes Geräusch machen. Spiele den Track noch einmal ab, um deine Zahlen zu überprüfen.

Schnipsen	Hämmern	Klingeln	Schritte	Wassertropfen
3	5	1	4	6

2 Sei ein Zahlendetektiv: Male in der gleichen Farbe an, was zusammengehört.

Hinweis: Es gehören immer jeweils ein Bild und eine Zahl zusammen. Sieh dir zuerst die Bilder an und überlege, was du siehst (Geldschein, Telefon, Geburtstagstorte). Was passt dazu?

 16. Oktober

 10 Euro

089/12 34 56

3 Wie viele sind es? Schreibe als Zahl, Striche und Würfelaugen.

Hinweis: Das Beispiel zeigt dir gut, was hier verlangt wird. Denke bei der Schreibweise mit Strichen daran, dass du den 5. Strich als Querstrich schreibst.

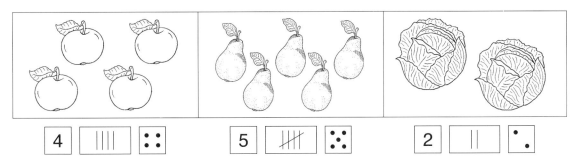

51

Lösungen – Zahlen und Operationen • Niveau A

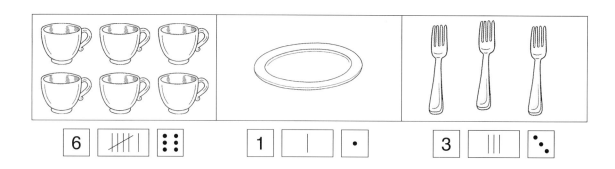

 4 Ergänze.

Hinweis: Ergänze immer so, dass Zahl, Kreise und Bild zusammenpassen. Gehe dafür Schritt für Schritt vor. Überprüfe zuerst, was angegeben ist. Steht bereits eine Zahl unter dem Bild? Dann zähle die Gegenstände und ergänze so viele, dass sie der angegebenen Zahl entsprechen. Zähle auch die ausgemalten Punkte und male die passende Anzahl an Punkten aus. Fehlt die Zahl? Dann prüfe, wie viele Punkte ausgemalt und wie viele Gegenstände abgebildet sind. Wenn sich die Anzahl von Punkten und Gegenständen unterscheidet, richtest du dich nach der größeren Anzahl. Ergänze Punkte oder Gegenstände und trage die passende Zahl ein.

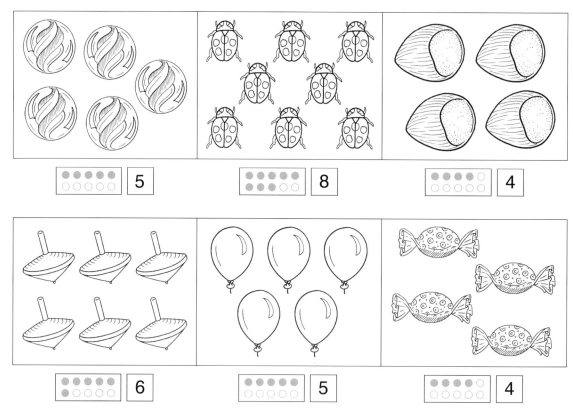

Lösungen – Zahlen und Operationen • Niveau A

5 Schreibe die Zahl auf und streiche weg.

Hinweis: Zähle zuerst die ausgemalten Kreise unter dem Bild. Schreibe die Zahl auf. Streiche dann so viele Dinge weg, dass das Bild dazu passt.

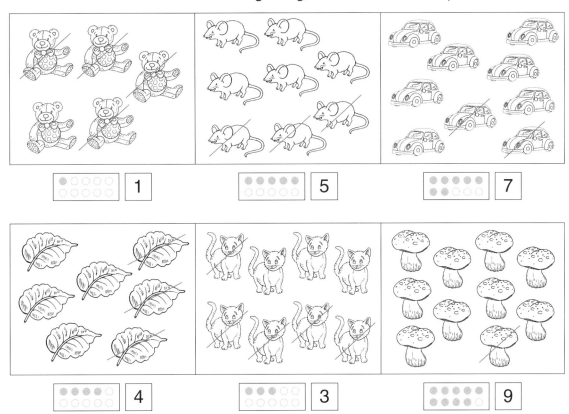

Übungsset 2

1 Höre dir Track 2 an. Welche Zahl hörst du? Schreibe sie auf.

Hinweis: Höre genau. Streiche das Feld durch, wenn du die Zahl nicht weißt.

| 4 | 7 | 0 | 9 | 2 | 1 | 5 | 3 | 6 | 8 |

2 Zähle und schreibe die Zahl auf.

Lösungen – Zahlen und Operationen • Niveau A

3 Male dazu oder streiche weg.

Hinweis: Beachte die Zahl unter dem Bild. Die Anzahl der Gegenstände soll der angegebenen Zahl entsprechen.

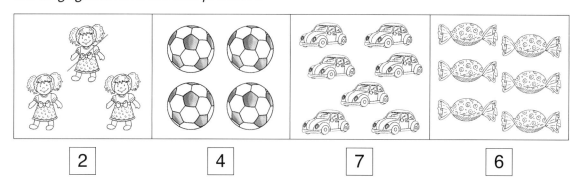

4 Ergänze Zahl oder Würfelbild.

Hinweis: Überlege bei den ersten beiden Aufgaben, wie die Würfel aussehen müssen, damit du 6 Würfelaugen zählen kannst. Hier gibt es mehrere Lösungen. Es reicht, wenn du eines der Würfelbilder gezeichnet hast. Bei den letzten beiden Aufgaben zählst du die Würfelaugen. Trage dann die passende Zahl ein.

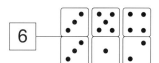 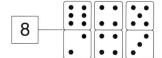 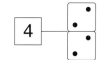

5 Ergänze Zahl oder Strichbild.

Hinweis: Schreibe jeden 5. Strich in der Strichliste immer quer. So kannst du zügig größere Anzahlen zählen.

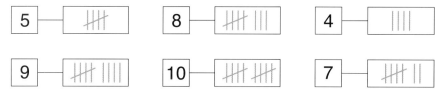

6 Schreibe die fehlenden Zahlen in die Lücken.

Hinweis: Achte darauf, ob du vorwärts oder rückwärts zählen musst.

a) 1; **2**; 3; **4**; 5; **6**; **7**

b) **3**; **4**; 5; **6**; 7; **8**; 9

c) **7**; 6; **5**; 4; **3**; 2; 1

Lösungen – Zahlen und Operationen • Niveau A

7 Schau dir die Schüttelboxen genau an. Ergänze.

Hinweis: Die Zahl über der Box gibt jeweils an, wie viele Punkte insgesamt abgebildet sein müssen. Die Anzahl der Punkte schreibst du als Zahlen unter die Boxen. Es entstehen Plusaufgaben.

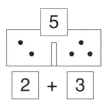 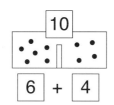 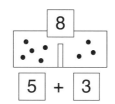

8 Wie viele Plättchen fehlen? Male die fehlenden Plättchen dazu und löse die Aufgaben.

Hinweis: Bei jeder Teilaufgabe siehst du ein Ergebnis. So viele Plättchen sollen es jeweils werden. Zähle die bereits abgebildeten Plättchen und zähle dann so lange weiter, bis du das Ergebnis erreichst. Schreibe dann auf, wie viele Plättchen du ergänzt hast.

4 + **3** = 7

3 + **2** = 5

2 + **2** = 4

0 + **8** = 8

9 Wie viele Springseile sind es? Kreuze an.

Hinweis: Spure die Seile farbig nach. So kannst du sie besser unterscheiden.

[X] Es sind 4 Springseile.
[ ] Es sind 8 Springseile.
[ ] Es sind 6 Springseile.

10 Finde 3 mögliche Plusaufgaben und ergänze die Schüttelboxen.

Hinweis: Hier gibt es mehrere Lösungen. Wichtig ist, dass die Plusaufgabe immer 7 ergibt. Weitere richtige Lösungen sind: 0 + 7, 4 + 3, 5 + 2, 6 + 1

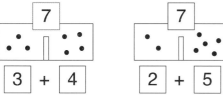 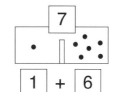

Lösungen – Zahlen und Operationen • Niveau A

Übungsset 3

1 Trage richtig ein: Vorgänger (V), Zahl (Z) und Nachfolger (N).

Hinweis: Überlege: Welche Zahl kommt davor? Welche danach? Jede Zeile besteht aus drei aufeinanderfolgenden Zahlen.

a)

V	Z	N
3	4	5
0	1	2
5	6	7
8	9	10
6	7	8

b)

V	Z	N
3	4	5
4	5	6
1	2	3
7	8	9
2	3	4

2 Nummeriere die Kinder der Reihe nach. Beginne mit dem **höchsten**.

Hinweis: Nutze dein Lineal: Lege es quer über die Zeichnung und bewege es langsam von oben nach unten. Das höchste Kind schaut zuerst über den oberen Rand des Lineals, dann das zweithöchste usw.

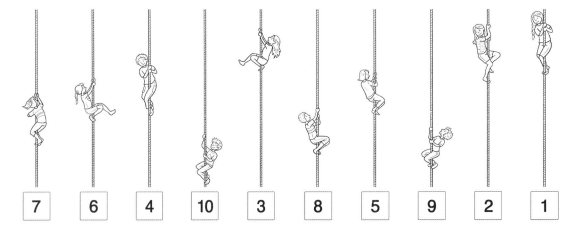

3 a) Fülle die Lücken am Zahlenstrahl aus.

Hinweis: Achte auf die angegebenen Zahlen 0, 5 und 10. An ihnen kannst du dich orientieren. Zähle die Striche zwischen diesen Zahlen und fülle die Lücken richtig aus.

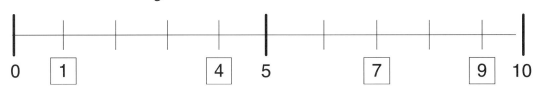

Lösungen – Zahlen und Operationen • Niveau A

b) Verbinde die angegebenen Zahlen richtig.

Hinweis: Der Zahlenstrahl hat genauso viele Striche wie der Zahlenstrahl aus Aufgabe a. Beginne mit der Zuordnung der niedrigsten Zahl (0) und zähle die Striche für jede weitere Zahl ab.

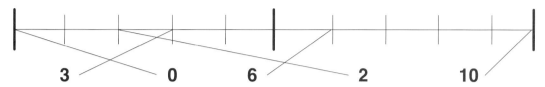

4 a) Löse die Plusgeschichten.

Hinweis: Bei jeder Teilaufgabe siehst du zwei Gruppen von Gegenständen. Zähle erst die Gegenstände in der linken Gruppe und schreibe die Anzahl auf den ersten Strich unter dem Bild. Zähle dann die Gegenstände in der rechten Gruppe und trage diese Anzahl auf dem rechten Strich ein. Berechne nun die Plusaufgabe (+). Zur Kontrolle kannst du noch einmal alle Gegenstände auf dem Bild durchzählen.

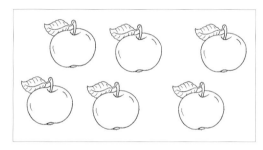

4 + 2 = 6

3 + 2 = 5

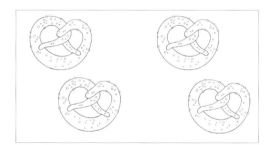

2 + 2 = 4

2 + 1 = 3

2 + 3 = 5

3 + 1 = 4

Lösungen – Zahlen und Operationen • Niveau A

 b) Male eine eigene Plusgeschichte. Schreibe die Aufgabe dazu.

Hinweis: Hier gibt es viele Lösungen. Es ist wichtig, dass die Anzahl der Gegenstände im Bild zur Rechnung passt.

Lösungsvorschlag:

4 + 3 = 7

Übungsset 4

 1 Welche Zahlen fehlen? Trage ein.

Hinweis: Finde zuerst heraus, wo die Zahlenkette jeweils beginnt. Schreibe dann Vorgänger und Nachfolger der angegebenen Zahlen auf. Fülle so beide Zahlenketten auf.

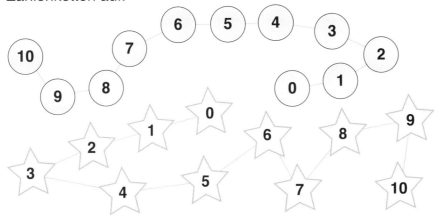

 2 Schreibe jeweils die passende Plusaufgabe.

Hinweis: Zähle die Dinge, trage die Zahlen ein und rechne. Du kannst sowohl Aufgaben als auch Tauschaufgaben notieren, z. B.: 6 + 2 = 8 oder 2 + 6 = 8

6 + 2 = 8   4 + 1 = 5   1 + 3 = 4

Lösungen – Zahlen und Operationen • Niveau A

3 Zerlege die Zahl 5 nach dem vorgegebenen Muster.

Hinweis: Beachte hier das Muster, das dir von den ersten drei Zeilen vorgegeben wird. Male immer einen Kreis mehr an.

Plättchen	Rechnung
○ ○ ○ ○ ○	0 + 5 = 5
● ○ ○ ○ ○	1 + 4 = 5
● ● ○ ○ ○	2 + 3 = 5
● ● ● ○ ○	3 + 2 = 5
● ● ● ● ○	4 + 1 = 5
● ● ● ● ●	5 + 0 = 5

4 Hier siehst du Aufgaben und Tauschaufgaben:

Hinweis: Eine Aufgabe und ihre Tauschaufgabe bestehen aus den gleichen Zahlen. Die Zahlen sind nur vertauscht. Sie haben immer das gleiche Ergebnis.

| 3 + 5 | 2 + 6 | 5 + 2 | 4 + 1 |
| 8 | 8 | 7 | 5 |

| 1 + 4 | 7 + 1 | 5 + 3 | 2 + 5 |
| 5 | 8 | 8 | 7 |

| 6 + 2 | 4 + 3 | 1 + 7 | 3 + 4 |
| 8 | 7 | 8 | 7 |

a) Was passt zusammen? Male jeweils Aufgabe und Tauschaufgabe mit der gleichen Farbe an.

b) Schreibe die Ergebnisse unter die Aufgaben. Achtung: Du musst pro Farbe nur einmal rechnen.

Lösungen – Zahlen und Operationen • Niveau A

5 Löse die Zahlenmauern. Baue dann eine eigene Zahlenmauer.

Hinweis: Beachte, dass die Plusaufgabe aus den beiden unteren Steinen die Zahl im Zielstein als Ergebnis hat. Bei der letzten Zahlenmauer kannst du die Zahl im Zielstein frei wählen.

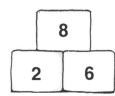
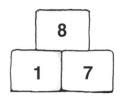
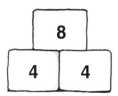

6 a) Betrachte die Aufgabenreihen und setze sie fort.

Hinweis: Beachte das Muster der Aufgaben. In der linken Aufgabengruppe wird die erste Zahl immer um 1 kleiner. Das Ergebnis bleibt gleich. Die fehlende Zahl muss also immer um 1 größer werden. In der rechten Aufgabengruppe wird die erste Zahl immer um 1 größer. Das Ergebnis bleibt wieder gleich. Die fehlende Zahl muss hier also immer um 1 kleiner werden.

6 + **3** = 9   3 + **5** = 8
5 + **4** = 9   4 + **4** = 8
4 + **5** = 9   5 + **3** = 8
3 + **6** = 9   6 + **2** = 8
2 + **7** = 9   7 + **1** = 8
1 + **8** = 9   8 + **0** = 8

b) Kannst du diese Lücken auch lösen? Trage die richtigen Zahlen ein.

Hinweis: Rechne bei Kettenaufgaben der Reihe nach. Lücken kannst du ausfüllen, indem du alle angegebenen Zahlen addierst (+) und dann überlegst, welche Zahl noch fehlt, um auf das angegebene Ergebnis zu kommen.

2 + 1 + 3 = **6**   2 + 2 + **2** = 6   4 + **0** + 1 = 5
1 + 3 + 0 = **4**   1 + **3** + 1 = 5   1 + 2 + **3** = 6

Lösungen – Zahlen und Operationen • Niveau A

Übungsset 5

1 Vergleiche. Trage <, > oder = ein.

Hinweis: Schau jedes Bild genau an. Zähle, wie viele Dinge links und wie viele rechts abgebildet sind. Trage die Zahlen ein. Was ist mehr? Das Größer-/Kleinerzeichen muss mit der offenen Seite zur größeren Zahl zeigen.

3 < 4   3 > 2   5 < 6   3 = 3

2 Schreibe Aufgabe und Tauschaufgabe zu jedem Würfelpaar.

Hinweis: Eine Aufgabe und ihre Tauschaufgabe bestehen aus den gleichen Zahlen und haben immer das gleiche Ergebnis. Die Zahlen vor dem Ist-gleich-Zeichen kannst du vertauschen.

5 + 4 = **9**	4 + 2 = 6	3 + 4 = 7
4 + 5 = 9	**2 + 4 = 6**	**4 + 3 = 7**

3 Schreibe die passenden Minusaufgaben.

Hinweis: Du kannst bei dieser Aufgabe mitsprechen. Zähle erst alle Dinge, also sowohl die kaputten als auch die ganzen Sprossen, Luftballons usw. Schreibe die Zahl auf. Zähle dann die kaputten, umgefallenen oder aufgegessenen Dinge. Schreibe diese Zahl hinter das Minuszeichen (–). So bleibt als Ergebnis die Anzahl der noch unversehrten Dinge.

10 – 4 = **6**   **7 – 3 = 4**   **9 – 3 = 6**

Lösungen – Zahlen und Operationen • Niveau A

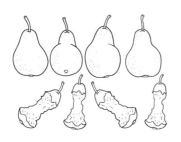
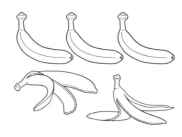

8 – 4 = 4   5 – 2 = 3   7 – 3 = 4

4 Rechne. Achte auf das Rechenzeichen.

Hinweis: Pass genau auf, ob du plus (+) oder minus (–) rechnen musst.

3 + 4 = **7**	0 + 8 = **8**	1 + 9 = **10**
7 – 6 = **1**	10 – 3 = **7**	5 – 4 = **1**
4 + 5 = **9**	5 – 5 = **0**	8 – 2 = **6**

5 + oder –? Setze richtig ein.

Hinweis: Wenn das Ergebnis größer ist als die einzelnen Zahlen vor dem Ist-gleich-Zeichen, rechnest du plus (+). Wenn die erste Zahl vor dem Ist-gleich-Zeichen größer ist als das Ergebnis, rechnest du minus (–).

4 **+** 2 = 6	4 **–** 1 = 3	3 **–** 3 = 0
8 **–** 5 = 3	7 **–** 2 = 5	2 **+** 2 = 4

6 Welche Zahl passt? Kreuze richtig an.

Hinweis: Gleiche Symbole stehen immer für die gleiche Ziffer. Das Herz kommt zweimal vor und steht am Anfang und am Ende der Zahl. Daher kommen nur zwei Zahlen in Frage: 1331 oder 4154. Da die zweite und dritte Ziffer verschieden sind (Stern und Dreieck), bleibt als Lösung nur noch die Zahl 4154.

2949	1331	4154	8392
☐	☐	**X**	☐

Lösungen – Zahlen und Operationen • Niveau A

7 a) Patrick hat einen roten, einen blauen und einen gelben Pulli. Er hat eine blaue Hose. Welche verschiedenen Möglichkeiten hat er, sich damit anzuziehen? Du kannst malen oder schreiben.

Hinweis: Da Patrick nur eine Hose hat, bleibt diese immer gleich. Dazu kann er drei verschiedene T-Shirts anziehen. Schreibe oder male systematisch auf. Du kannst auch Abkürzungen nutzen, z. B. BR für „blaue Hose / roter Pulli".

blaue Hose / roter Pulli
blaue Hose / blauer Pulli
blaue Hose / gelber Pulli

Patrick hat **3** Möglichkeiten, sich anzuziehen.

b) Wie viele Möglichkeiten sind es mit 2 Hosen?

Hinweis: Gehe auch hier wieder systematisch vor. Beginne mit der ersten Hose und schreibe die drei verschiedenen Pullis dazu. Schreibe dann die zweite Hose auf und kombiniere die drei verschiedenen Pullis auch mit dieser.

Hose 1 / roter Pulli	**Hose 2 / roter Pulli**
Hose 1 / blauer Pulli	**Hose 2 / blauer Pulli**
Hose 1 / gelber Pulli	**Hose 2 / gelber Pulli**

Nun hat Patrick **6** Möglichkeiten, sich anzuziehen.

Übungsset 6

1 Wie viele sind es? Zähle und schreibe auf (Z = Zehner, E = Einer).

Hinweis: Beachte: Es ist wichtig, dass du fehlende Einer mit 0 E notierst, da die Einerstelle ansonsten leer bleiben würde.

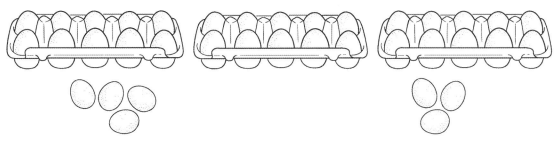

Z	E		Z	E		Z	E
1	4		1	0		1	3

Lösungen – Zahlen und Operationen • Niveau A

2 a) Schreibe die Plusaufgaben mit 10.

Hinweis: Nun rechnest du über den Zahlenraum bis 10 hinaus. Bei dieser Aufgabe hast du immer einen Zehner (Z 1 bzw. 10) und ergänzt die Einer. Zähle dafür die einzelnen Gegenstände.

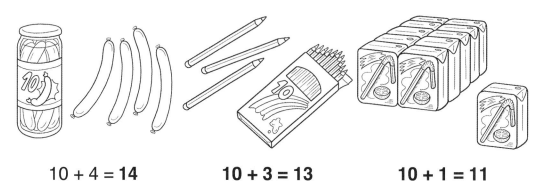

10 + 4 = **14**   10 + 3 = **13**   10 + 1 = **11**

b) Schreibe und rechne auch hier die Plusaufgaben.

Hinweis: Zähle die Punkte in der linken und in der rechten Gruppe und schreibe die Anzahl auf die Linien. Zur Lösung der Plusaufgabe kannst du zuerst bis zur 10 rechnen (z. B. 7 + 3) und dann weiterrechnen (10 + 2). Zähle zur Kontrolle alle Punkte und prüfe, ob die Anzahl mit deinem Ergebnis übereinstimmt.

7 + **5** = **12**   **9** + **5** = **14**

3 Verbinde die angegebenen Zahlen richtig.

Hinweis: Zähle die Abstände am Zahlenstrahl ab. Als Hilfe kannst du die Zahlen an die Striche schreiben. Verbinde die angegebenen Zahlen danach mit den passenden notierten Zahlen.

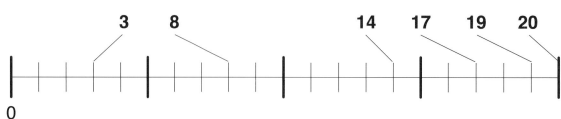

Lösungen – Zahlen und Operationen • Niveau A

4 Verbinde jeweils Aufgabe und Umkehraufgabe und rechne.

Hinweis: Bei der Umkehraufgabe rechnest du die ursprüngliche Aufgabe von hinten nach vorne. Das Ergebnis wandert also an die erste Stelle und die ursprüngliche erste Stelle der Aufgabe wird zum Ergebnis. Das Rechenzeichen kehrst du um: aus Plus (+) wird Minus (–).

6 + 3 = 9	9 – 8 = **1**
8 + 2 = **10**	10 – 6 = **4**
7 + 3 = **10**	9 – 3 = **6**
1 + 8 = **9**	10 – 2 = **8**
4 + 6 = **10**	10 – 3 = **7**

5 Trage richtig ein: Vorgänger (V), Zahl (Z) und Nachfolger (N).

Hinweis: Überlege: Welche Zahl kommt davor? Welche danach? Jede Zeile besteht aus drei aufeinanderfolgenden Zahlen.

V	Z	N
16	17	**18**
10	11	**12**
18	19	**20**

V	Z	N
12	13	14
9	**10**	11
14	15	16

6 Rechne. **Tipp:** Nutze die kleinen Aufgaben als Rechentrick! Bei Aufgabe 6e musst du dir die kleine Aufgabe selbst überlegen.

Hinweis: Beim Rechnen im zweiten Zehner hilft dir die kleine Aufgabe aus dem ersten Zehner. Beim Rechnen im zweiten Zehner musst du nämlich nur noch einen Zehner (Z 1) ergänzen, z. B. 6 + 3 = 9 → 16 + 3 = 19.

a) 6 + 3 = **9**
   16 + 3 = **19**

b) 4 + 5 = **9**
   14 + 5 = **19**

c) 2 – 0 = **2**
   12 – 0 = **12**

d) 7 – 6 = **1**
   17 – 6 = **11**

e) 13 + 2 + 3 = **18**
   16 – 2 – 1 = **13**
   14 + 3 – 2 = **15**
   10 + 5 – 5 = **10**

65

Lösungen – Zahlen und Operationen • Niveau A

7 Fülle die Tabellen aus. Achte auf das Rechenzeichen.

Hinweis: Bilde Rechnungen mit den grau hinterlegten Zahlen. Die Zahlen in der linken Spalte sind immer die erste Zahl in der Aufgabe. Die Zahlen in der oberen Zeile sind immer die zweite Zahl. Die Ergebnisse stehen auf den weißen Feldern. Rechne Umkehraufgaben, um die fehlenden Zahlen auf den grauen Feldern herauszufinden.

a)

+	7	2	4
3	10	5	7
11	18	13	15

b)

−	3	6	5
8	5	2	3
20	17	14	15

8 Kleiner, größer oder gleich? Setze <, > oder = ein.

Hinweis: Berechne zuerst die Minus- und Plusaufgaben und notiere die Ergebnisse. Vergleiche jedes Ergebnis dann mit der Zahl auf der anderen Seite des grauen Felds. Das Größer-/Kleinerzeichen muss mit der offenen Seite zur größeren Zahl zeigen.

17 − 5 **>** 10   19 **>** 20 − 9

13 + 1 **<** 18   14 **=** 11 + 3

9 a) Bevor ich in den Bus steige, sind dort zusammen mit dem Busfahrer schon 11 Leute. An meiner Haltestelle steigt außer mir niemand zu. An der nächsten Haltestelle steigen 2 Leute aus und 9 Leute ein. Ich bleibe im Bus. Wie viele Fahrgäste sind jetzt im Bus?

Hinweis: In dieser Aufgabe hält der Bus an zwei Haltestellen. Beim ersten Stopp steigt zu den 11 Leuten nur die Person zu, die die Rechengeschichte erzählt. Addiere (+) sie also zu den 11 Fahrgästen. Beim zweiten Stopp subtrahierst (−) du die Personen, die aussteigen. Zu deinem Ergebnis addierst (+) du die Personen, die zusteigen.

11 + 1 = 12   1. Stopp: 11 Leute und der/die Erzähler/in

12 − 2 = 10   2. Stopp: 2 Leute steigen aus,

10 + 9 = 19   9 Leute steigen ein

Es sind **19** Leute im Bus.

Lösungen – Zahlen und Operationen • Niveau A

b) Ich steige mit aus. Wie viele sind es nun? Kreuze an.

Hinweis: Wenn die erzählende Person auch aussteigt, musst du noch einen weiteren Fahrgast von deinem Ergebnis aus Aufgabe a abziehen (−).

16	10	18	15	12
☐	☐	☒	☐	

 10 Tims Schloss am Fahrrad hat 3 Ziffern:

Leider kann er sich an die Reihenfolge der Ziffern nicht mehr erinnern. Schreibe alle Möglichkeiten auf. Wie viele sind es?

Hinweis: Gehe systematisch vor und schreibe alle Möglichkeiten übersichtlich auf. Beginne mit der ersten Ziffer (3) und setze die beiden anderen Ziffern dahinter. Du hast dafür zwei Möglichkeiten (3 5 1 und 3 1 5). Du kannst die zweite und die dritte Ziffer also vertauschen. Nimm nun die zweite Ziffer (5) und schreibe die anderen beiden Ziffern wieder dahinter. Denke an die beiden Möglichkeiten. Zuletzt nimmst du die dritte Ziffer (1) und schreibst auch hinter diese wieder die beiden anderen Ziffern. Zähle nun, wie viele Möglichkeiten du notiert hast.

| 3 5 1 | 5 3 1 | 1 5 3 |
| 3 1 5 | 5 1 3 | 1 3 5 |

Tim hat **6** Möglichkeiten.

Lösungen – Zahlen und Operationen • Niveau A

Übungsset 7

1 Fülle die Rechenhäuser aus.

Hinweis: Bei Aufgabe a musst du die im Dach angegebene Zahl jeweils von den Zahlen in der linken Spalte abziehen (−). Du löst also Minusaufgaben. Die Ergebnisse trägst du in die rechten Spalten ein.
Bei Aufgabe b bildest du Plusaufgaben. Löse zunächst Umkehraufgaben mit den angegebenen Zahlen auf den weißen Feldern und den Zahlen in der grau hinterlegten Spalte (z. B. 11 − 6). So kannst du die graue obere Zeile füllen. Danach addierst (+) du die Zahlen aus der linken grauen Spalte mit den Zahlen in der oberen grauen Zeile und füllst die zugehörigen weißen Felder aus.

a) +7

3	10
6	13
7	14
4	11
8	15

b) −9

12	3
15	6
18	9
16	7
14	5

c)

+	5	3	8	9
6	11	9	14	15
8	13	11	16	17
10	15	13	18	19

Lösungen – Zahlen und Operationen • Niveau A

2 Ergänze die Zahlenmauern.

Hinweis: Addiere (+) immer die Zahlen aus zwei nebeneinanderliegenden Steinen und schreibe das Ergebnis in den darüberliegenden Zielstein. Bei der dritten Zahlenmauer sind die Zahlen beliebig wählbar.

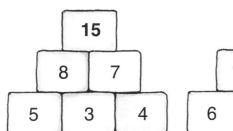
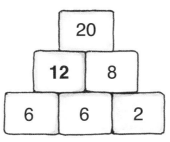
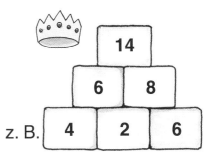

z. B.

3 Was ist deine Lieblingszahl bis 20?

Hinweis: Die Lösung ist von deiner Lieblingszahl abhängig, die zwischen 1 und 20 liegen muss.

Das ist meine Lieblingszahl: z. B. | 12 |

So kann ich meine Lieblingszahl darstellen:

| Striche | Würfel | Dinge | Einerpunkte / Zehnerstäbe |

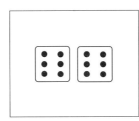
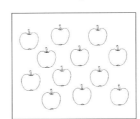

Trage deine Zahl auf der Zwanziger-Tafel ein:

1									
	12								20

Schreibe vier Plus- und Minusaufgaben mit deiner Lieblingszahl als Ergebnis:

Hinweis: Hier sind viele Lösungen möglich. Wichtig ist, dass deine Lieblingszahl bei jeder Aufgabe das Ergebnis ist.

Lösungsvorschlag:

6 + 6 = 12   2 + 10 = 12   12 – 0 = 12   20 – 8 = 12
7 + 5 = 12   0 + 12 = 12   19 – 7 = 12   16 – 4 = 12

Lösungen – Zahlen und Operationen • Niveau A

4 Schreibe zu jeder Aufgabe die Umkehraufgabe und rechne.

Hinweis: Bei der Umkehraufgabe rechnest du die ursprüngliche Aufgabe von hinten nach vorne. Das Ergebnis wandert also an die erste Stelle und die ursprüngliche erste Stelle der Aufgabe wird zum Ergebnis. Das Rechenzeichen kehrst du um: aus Plus (+) wird Minus (–).

2 + 5 = **7**	7 + 3 = **10**	4 + 4 = **8**	3 + 6 = **9**
U: **7 – 5 = 2**	U: **10 – 3 = 7**	U: **8 – 4 = 4**	U: **9 – 6 = 3**
7 – 4 = **3**	9 – 5 = **4**	6 – 4 = **2**	8 – 5 = **3**
U: **3 + 4 = 7**	U: **4 + 5 = 9**	U: **2 + 4 = 6**	U: **3 + 5 = 8**

5 Male in der gleichen Farbe an, was zusammengehört: Rechengeschichte, Frage, Rechnung und Antwort.

Hinweis: Lies genau. In der ersten Spalte stehen alle Rechengeschichten, in der zweiten die Fragen, in der dritten die Rechnungen und in der vierten die Antworten. Beachte jeweils, welche Zahlen bekannt sind. Daran siehst du auch, ob du plus oder minus rechnen musst.

Rechengeschichte	Frage	Rechnung	Antwort
Michael baut einen Turm mit 15 Legosteinen. Katharina nimmt 4 Steine weg.	Wie viele Legosteine hoch war der Turm zuvor?	15 + 4 = **19**	Auf dem Parkplatz stehen noch **12** Autos.
Susanne steckt 7 Legosteine auf Pias Turm. Nun ist er 19 Legosteine hoch.	Wie viele Legosteine hoch ist dann der Turm?	20 – 8 = **12**	In der Garage stehen dann **19** Autos.
In einer Tiefgarage stehen 15 Autos. 4 Autos fahren noch hinein.	Wie viele Autos stehen noch auf dem Parkplatz?	15 – 4 = **11**	Der Turm ist **11** Legosteine hoch.
Auf einem Parkplatz stehen 20 Autos. 8 Autos fahren weg.	Wie viele Autos sind dann in der Garage?	19 – 7 = **12**	Der Turm war **12** Legosteine hoch.

Lösungen – Zahlen und Operationen • Niveau A

6 Ali hat viele Bücher im Regal. Er leiht 3 Bücher an seine Freunde aus. Nun stehen noch 14 Bücher im Regal.

Frage: Wie viele Bücher waren vorher in Alis Regal?

Hinweis: Rechne als Plusaufgabe, indem du zu den Büchern im Regal die verliehenen Bücher addierst (+). Du kannst die Aufgabe aber auch als Minusaufgabe lösen, indem du diese als Platzhalteraufgabe schreibst.

Rechnung: 14 + 3 = 17 (oder **17 − 3 = 14**)

Es waren **17** Bücher in Alis Regal.

Übungsset 8

1 Höre dir Track 3 an. Rechne und schreibe die Ergebnisse auf.

Hinweis: Höre genau zu. Manche Ergebnisse kannst du bestimmt direkt im Kopf ausrechnen. Du kannst dir die gesprochene Rechnung aber auch notieren und dann rechnen. Mache einen Strich in das Kästchen, wenn du ein Ergebnis nicht weißt, und versuche, es am Ende noch einmal zu berechnen. Du kannst dir den Track zur Kontrolle noch einmal anhören.

1	2	3	4	5	6	7	8	9	10
8	6	4	1	15	12	13	17	20	9

2 a) Zeichne immer das Doppelte. Rechne dann.

Hinweis: „Das Doppelte" bedeutet, dass du noch einmal genauso viele Dinge (Käfer, Vogelabdrücke, Blumen) ergänzen musst, wie du schon siehst.

   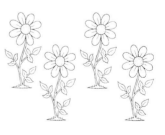

3 + 3 = 6   4 + 4 = 8   2 + 2 = 4

Lösungen – Zahlen und Operationen • Niveau A

b) Trage das Doppelte ein.

Hinweis: Rechne Plusaufgaben, bei denen du die angegebene Zahl noch einmal dazuaddierst (+).

Zahl	3	4	2	6
das Doppelte	**6**	**8**	**4**	**12**

c) Ergänze die fehlenden Zahlen.

Hinweis: Die Tabelle funktioniert genauso wie die in Aufgabe b. Wenn das Doppelte schon angegeben ist, trägst du in die obere Zeile die Hälfte davon ein.

Zahl	7	**5**	9	**10**
das Doppelte	14	10	**18**	20

3 a) Halbiere.

Hinweis: „Halbiere" bedeutet, dass du eine Anzahl in zwei gleich große Mengen (zwei Hälften) aufteilen musst. Die Punkte helfen dir hier dabei. Sie sind schon so aufgezeichnet, dass sie jeweils eine Hälfte darstellen.

●●●●●   ●●●●●   ●●●●●   ●●●●●
                     ●   ●
10 = 5 + **5**   12 = 6 + **6**

●●●●●   ●●●●●   ●●●●●   ●●●●●
●●●●●   ●●●●●   ●●●   ●●●
20 = 10 + **10**   16 = 8 + **8**

b) Ergänze die fehlenden Zahlen.

Hinweis: Halbiere die Zahlen in der ersten Zeile und schreibe die Hälfte darunter. Wenn die Hälfte bereits angegeben ist, musst du diese verdoppeln und das Doppelte in die obere Zeile eintragen.

Zahl	2	14	**8**	18	20	**0**
die Hälfte	1	7	4	**9**	10	0

Lösungen – Zahlen und Operationen • Niveau A

4 a) Male jeweils die Aufgabe und die Tauschaufgabe in der gleichen Farbe an und rechne. Achtung: Du musst pro Farbe nur einmal rechnen.

Hinweis: Eine Aufgabe und ihre Tauschaufgabe bestehen aus den gleichen Zahlen. Die Zahlen vor dem Ist-gleich-Zeichen sind nur vertauscht. Sie haben immer das gleiche Ergebnis.

9 + 8 = **17**	7 + 6 = **13**	9 + 10 = **19**	5 + 4 = **9**
6 + 7 = **13**	4 + 5 = **9**	8 + 9 = **17**	10 + 9 = **19**

b) Male jeweils die Aufgabe und die Umkehraufgabe in der gleichen Farbe an und rechne.

Hinweis: Bei der Umkehraufgabe rechnest du die ursprüngliche Aufgabe von hinten nach vorne. Das Ergebnis wandert also an die erste Stelle und die ursprüngliche erste Stelle der Aufgabe wird zum Ergebnis. Das Rechenzeichen kehrst du um: aus Plus (+) wird Minus (–).

9 + 9 = **18**	8 + 7 = **15**	7 + 6 = **13**	9 – 5 = **4**
13 – 6 = **7**	4 + 5 = **9**	18 – 9 = **9**	15 – 7 = **8**

5 Ergänze die Rechendreiecke.

Hinweis: Addiere (+) jeweils die Punkte aus zwei nebeneinanderliegenden Feldern und trage das Ergebnis in die angrenzenden Kästen ein. Wenn das Ergebnis der Plusaufgabe bereits angegeben ist, rechnest du eine Platzhalteraufgabe oder die Umkehraufgabe. Ergänze dann die fehlenden Punkte in den Feldern. Beim letzten Dreieck findest du die Lösung durch Ausprobieren.

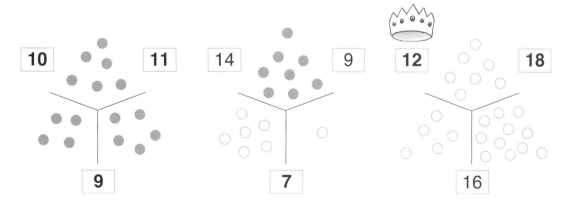

Lösungen – Zahlen und Operationen • Niveau A

6 Male die geraden Zahlen blau und die ungeraden Zahlen gelb an.

Hinweis: Eine gerade Zahl kannst du halbieren.

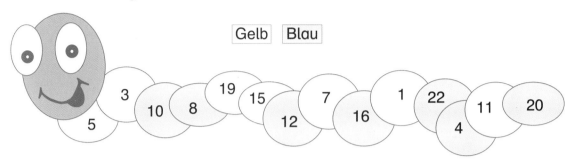

7 In der Klasse 1b sind am Anfang des Schuljahres insgesamt 18 Kinder. Davon sind die Hälfte Mädchen. Im Januar kommen noch 2 Jungen dazu.
Wie viele Mädchen und Jungen sind nun in der Klasse 1b?

Hinweis: Wenn die Klasse zur Hälfte aus Mädchen besteht, muss die andere Hälfte die Anzahl der Jungen sein. Halbiere also zunächst die Gesamtzahl. Addiere (+) dann die zwei Jungen, die im Januar dazukommen.

18 = 9 + 9 → 9 Jungen und 9 Mädchen
9 + 2 = 11 → 11 Jungen ab Januar

In der Klasse 1b sind **11** Jungen und **9** Mädchen.

8 Susi und Lisa kaufen sich in der Eisdiele ein Eis mit zwei verschiedenen Kugeln in der Waffel. Es gibt Vanille, Schoko und Erdbeere.

a) Wie viele Möglichkeiten haben die zwei für ihr Eis? Male oder schreibe alle Möglichkeiten auf. Beachte die Reihenfolge der Kugeln.

Hinweis: Schreibe die Möglichkeiten systematisch auf. Achte darauf, jede Sorte mit jeder anderen Sorte zu kombinieren. Beginne z. B. mit Vanille und füge erst Schoko, dann Erdbeere hinzu. Nimm dann die Sorte Schoko und ordne wieder die beiden anderen Sorten zu. Das gleiche machst du zuletzt mit der Sorte Erdbeere. Zähle nun, wie viele Möglichkeiten sich ergeben haben.

Vanille / Schoko   Schoko / Vanille   Erdbeere / Vanille
Vanille / Erdbeere   Schoko / Erdbeere   Erdbeere / Schoko

Sie haben **6** Möglichkeiten.

Lösungen – Zahlen und Operationen • Niveau A

b) Wie viele Möglichkeiten haben sie, wenn sie eine Eissorte auch doppelt nehmen können?

Hinweis: Hier kommen zu den Möglichkeiten aus Aufgabe a noch die doppelten Kombinationen dazu, also Vanille/Vanille, Schoko/Schoko und Erdbeere/Erdbeere.

Vanille / Schoko　　**Schoko / Vanille**　　**Erdbeere / Vanille**
Vanille / Erdbeere　　**Schoko / Erdbeere**　　**Erdbeere / Schoko**
Vanille / Vanille　　**Schoko / Schoko**　　**Erdbeere / Erdbeere**

Sie haben **9** Möglichkeiten.

Übungsset 9

1 Ergänze die Zielscheiben.

Hinweis: Hier rechnest du von innen nach außen plus (+) und von außen nach innen minus (–), um die Zahlen herauszufinden. Alle Minusaufgaben einer Zielscheibe haben die Zielzahl in der Mitte der Scheibe als Ergebnis.

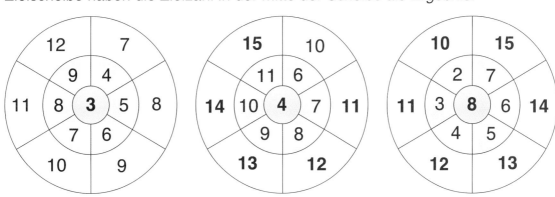

2 Rechne und überlege weiter. Formuliere jeweils die Regel.

Hinweis: Schau dir zunächst die erste Zahl an. Was fällt dir auf? Wie verändert sie sich? Erkennst du ein Muster? Betrachte dann die zweite Zahl und stelle dir die gleichen Fragen. Gehe schließlich beim Ergebnis genauso vor. Beachte: Du kannst sowohl „wird um eins größer" als auch „wird um 1 Einer größer" schreiben.

a) 　4 + 　6 = **10**　　　　Die erste Zahl **bleibt gleich**

　　4 + 　7 = **11**　　　　und die zweite Zahl **wird um eins**

　　4 + 　8 = **12**　　　　**größer**.

　　4 + 　9 = **13**　　　　Das Ergebnis wird somit auch immer

　　4 + **10** = **14**　　　um **eins größer**.

Lösungen – Zahlen und Operationen • Niveau A

b) 8 + 2 = **10**   Die erste Zahl wird immer um
7 + 3 = **10**   **eins kleiner** und die
6 + 4 = **10**   zweite Zahl wird immer um
5 + 5 = 10   **eins größer**.
4 + 6 = 10   Das Ergebnis bleibt somit
3 + 7 = 10   **gleich**.

c) 2 + 9 = **11**   Die erste Zahl wird immer um
3 + 8 = **11**   **eins größer** und die
4 + 7 = **11**   zweite Zahl wird immer um
5 + 6 = 11   **eins kleiner**.
6 + 5 = 11   Das Ergebnis bleibt somit
7 + 4 = 11   **gleich**.

3 a) Rechne und bilde die Tauschaufgaben.

Hinweis: Eine Aufgabe und ihre Tauschaufgabe bestehen aus den gleichen Zahlen. Die Zahlen vor dem Ist-gleich-Zeichen sind nur vertauscht. Sie haben immer das gleiche Ergebnis.

| 9 + 1 = **10** | 3 + 9 = **12** | 0 + 6 = **6** |
| 1 + 9 = **10** | 9 + 3 = **12** | 6 + 0 = **6** |

b) Rechne und bilde die Umkehraufgaben.

Hinweis: Bei der Umkehraufgabe rechnest du die ursprüngliche Aufgabe von hinten nach vorne. Das Ergebnis wandert also an die erste Stelle und die ursprüngliche erste Stelle der Aufgabe wird zum Ergebnis. Das Rechenzeichen kehrst du um: aus Plus (+) wird Minus (–).

| 15 – 6 = **9** | 11 – 8 = **3** | 17 – 9 = **8** |
| 9 + 6 = **15** | 3 + 8 = **11** | 8 + 9 = **17** |

4 Löse die Aufgabenfamilien.

Hinweis: In einer Aufgabenfamilie gibt es immer zwei Plus- und zwei Minusaufgaben. Die Zahlen dazu sind in den Kleeblättern vorgegeben. Gehe Schritt für Schritt vor. Schreibe erst eine Plusaufgabe auf und notiere auch ihre Tauschaufgabe. Schreibe dann die Umkehraufgabe der ersten Plusaufgabe als erste

Lösungen – Zahlen und Operationen • Niveau A

Minusaufgabe auf. Die Umkehraufgabe der zweiten Plusaufgabe notierst du als zweite Minusaufgabe.

11	16	14	12
6 5	9 7	8 6	8 4

6 + 5 = **11**	9 + 7 = **16**	8 + 6 = **14**	8 + 4 = **12**
5 + 6 = **11**	7 + 9 = **16**	6 + 8 = **14**	4 + 8 = **12**
11 − 5 = **6**	16 − 7 = **9**	14 − 6 = **8**	12 − 4 = **8**
11 − 6 = **5**	16 − 9 = **7**	14 − 8 = **6**	12 − 8 = **4**

5 In einer Schachtel liegen 19 Bonbons. Mama gibt ihren 4 Kindern je 2 Bonbons. Wie viele Bonbons sind noch in der Schachtel?

Hinweis: Ermittle als Erstes die Anzahl der verteilten Bonbons. Jedes der vier Kinder bekommt zwei Stück (2 + 2 + 2 + 2 = 8). Ziehe anschließend diese Anzahl von der Gesamtanzahl der Bonbons ab (−). Eine weitere Möglichkeit ist, dass du gleich von der Gesamtzahl viermal 2 Bonbons subtrahierst (−).

2 + 2 + 2 + 2 = 8   oder   **19 − 2 − 2 − 2 − 2 = 11**
19 − 8 = 11

Es sind noch **11** Bonbons in der Schachtel.

6 In der Grundschule Hettenstein gibt es Fahrzeuge für die Spielzeit am Nachmittag. Im Frühling erhalten die Kinder 3 Kettcars und 2 Roller. Nun sind es 14 Fahrzeuge. Wie viele Fahrzeuge waren es am Anfang?

Hinweis: Hier berechnest du zuerst die Anzahl der neuen Fahrzeuge, indem du die Kettcars und die Roller addierst (3 + 2 = 5). Das Ergebnis ziehst du von der Gesamtanzahl der Fahrzeuge ab (−).

3 + 2 = 5
14 − 5 = 9

Am Anfang waren es **9** Fahrzeuge.

Lösungen – Zahlen und Operationen • Niveau A

7 In der Sporthalle gibt es 12 Bälle. Die Klasse 1c braucht zum Spielen 20 Bälle. Wie viele Bälle fehlen noch?

Hinweis: Subtrahiere (–) hier die Anzahl der vorhandenen Bälle von der Anzahl der benötigten Bälle.

20 – 12 = 8

Es fehlen noch **8** Bälle.

8 a) Löse die Zahlenmauern.

Hinweis: Hier findest du die fehlenden Zahlen auf zwei Wegen: Addiere (+) zwei nebeneinanderliegende Steine (+) und schreibe das Ergebnis in den Stein darüber. Oder rechne die Umkehraufgaben. Subtrahiere (–) also den Stein vom darüberliegenden Stein und schreibe das Ergebnis daneben. Zur Kontrolle kannst du am Schluss noch einmal Plusaufgaben mit allen Steinen von unten nach oben rechnen.

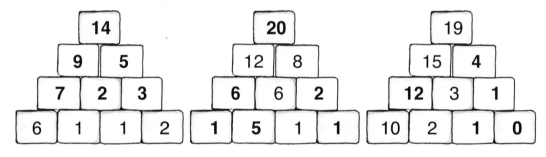

 b) Finde die Fehler und tausche die falschen Steine aus.

Hinweis: Zwei nebeneinanderliegende Steine ergeben addiert (+) den Stein darüber. Rechne also Plusaufgaben mit allen Steinen von unten nach oben. Streiche falsche Ergebnisse durch und ersetze sie mit den freien Steinen.

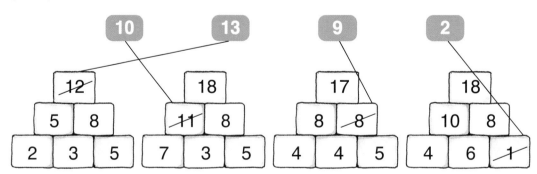

78

Lösungen – Zahlen und Operationen • Niveau B

Lösungen – Niveau B

Übungsset 1

1 Markiere Umkehraufgabe und Aufgabe jeweils in der gleichen Farbe.

Hinweis: Bei Umkehraufgaben rechnest du die ursprüngliche Aufgabe „rückwärts". Demnach gehört zur Aufgabe 8 + 6 = 14 die Umkehraufgabe 14 – 6 = 8 (und nicht 14 – 8 = 6).

16 – 8 = 8	8 + 6 = 14	13 – 4 = 9
9 + 4 = 13	11 – 6 = 5	14 – 8 = 6
8 + 8 = 16	14 – 6 = 8	5 + 6 = 11	6 + 8 = 14

2 a) Welche Aufgaben kannst du mit diesen Zahlen bilden? Schreibe sie auf.

Hinweis: Aus drei Zahlen lassen sich vier Aufgaben bilden. Beginne am besten mit einer Plusaufgabe (+). Die zweite Plusaufgabe (+) ist die Tauschaufgabe der ersten Plusaufgabe (+). Passend dazu kannst du aus den Plusaufgaben (+) die Minusaufgaben (–) als deren Umkehraufgaben bilden.

6 7 13	8 4 12	9 16 7	17 8 9
(6 + 7 = 13)	(8 + 4 = 12)	(9 + 7 = 16)	(8 + 9 = 17)
(7 + 6 = 13)	(4 + 8 = 12)	(7 + 9 = 16)	(9 + 8 = 17)
13 – 6 = 7	12 – 8 = 4	16 – 7 = 9	17 – 8 = 9
13 – 7 = 6	12 – 4 = 8	16 – 9 = 7	17 – 9 = 8

b) Kreise die Tauschaufgaben mit einem grünen Stift ein.

Hinweis: Beachte: Tauschaufgaben können nur bei Plusaufgaben (+) gebildet werden.

Lösungen – Zahlen und Operationen • Niveau B

3 a) Fülle die Zahlenmauern aus.

Hinweis: Zwei nebeneinanderliegende Steine ergeben addiert (+) den Stein darüber. Fehlt unten eine Zahl wie bei Zahlenmauer 2, dann kannst du diese entweder durch die Ergänzungsaufgabe 3 + __ = 9 herausfinden oder du berechnest die Minusaufgabe 9 – 3 = __. Ähnlich ist es bei der 3. Zahlenmauer, die du am besten von oben mit einer Minus- oder Ergänzungsaufgabe löst. Damit vermeidest du, dass du in der unteren Steinreihe mit einer falschen Zerlegung der 8 startest.

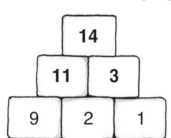
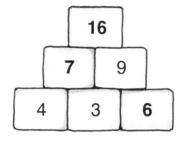
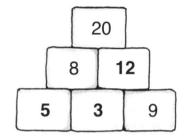

b) Was passiert, wenn du zwei Zahlen der unteren drei Steine um 2 erhöhst?

Hinweis: Es gibt zwei mögliche Veränderungen im Zielstein (= der oberste Stein). Diese hängen davon ab, welche Zahlen du erhöhst. Erhöhst du die Zahlen der beiden äußeren Steine, bleibt es insgesamt bei einer Erhöhung um 4, da du zweimal die Zahl 2 addierst (+). Erhöhst du die Zahlen in einem äußeren und dem mittleren Stein, addierst (+) du die Zahl 2 dreimal, da der mittlere Stein mit beiden angrenzenden Steinen addiert wird. Unten siehst du zur Veranschaulichung mehrere Lösungsbeispiele.

Verändert man die Zahlen in den äußeren Steinen der untersten Reihe, erhöht sich das Ergebnis des Zielsteins (= oberster Stein) um 4. Verändert man die Zahl in der Mitte und eine Zahl außen, erhöht sich das Ergebnis um 6.

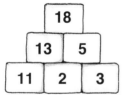
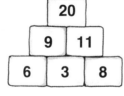
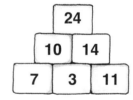

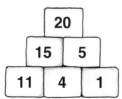
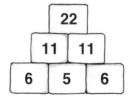
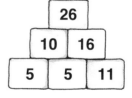

Lösungen – Zahlen und Operationen • Niveau B

4 Wie heißen die Zahlen? Schreibe die Zahlen und die Zahlwörter auf.

Hinweis: Zähle zuerst die Zehner und schreibe die Anzahl auf. Zähle dann die Einer und schreibe auch diese Anzahl auf. So erhältst du die Zahl. Beim Zahlwort wird zuerst der Einer gesprochen und die Zehnerzahl durch ein „und" angehängt. Schreibe ein zusammenhängendes Wort.

Z	E	Zahl	Zahlwort
●●●●	●●	42	**zweiundvierzig**
●●●●●●●	●●●●●	75	**fünfundsiebzig**
●●●●●●●●●	●●●●●●●●●	99	**neunundneunzig**
●●●	●●●●●●	36	**sechsunddreißig**

5 Male Plättchen in die Stellentafel und schreibe die Zahlen auf.

Hinweis: Beim Zahlwort wird zuerst der Einer gesprochen und die Zehnerzahl durch ein „und" angehängt. Male also erst die Einer und dann die Zehner. Die Zahl kannst du nun anhand der Stellenwerttafel ablesen.

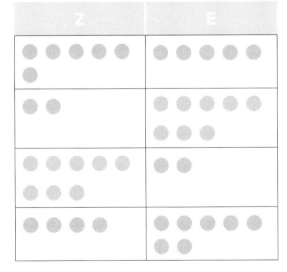

Zahl	Zahlwort
65	fünfundsechzig
28	achtundzwanzig
82	zweiundachtzig
47	siebenundvierzig

Lösungen – Zahlen und Operationen • Niveau B

6 Welche Zahlen sind das?

Hinweis: Notiere dir bei den Rätseln die angegebenen Zehner und Einer. Achte außerdem auf wichtige Angaben wie „doppelt so viele" oder „ungerade". Beim Verschieben von Plättchen kannst du dir eine Stellenwerttafel aufmalen.

a) Meine Zahl hat 5 Zehner und 7 Einer. **57**

b) Meine Zahl hat 4 Zehner und doppelt so viele Einer. **48**

c) Wenn ich von meiner Zahl ein Plättchen von der Einer- auf die Zehnerstelle lege, erhalte ich 52. **43**

d) Meine beiden Zahlen sind ungerade und haben doppelt so viele Zehner wie Einer. **21, 63**

7 Ahmet sammelt Fußballkarten in einem Stickerheft. Auf jede Doppelseite gehören 18 Karten. Hier hat er schon 12 Stück eingeklebt:

a) Kreuze die passende Frage zur Geschichte an.

Hinweis: Unter den drei Fragen sollst du diejenige finden, die man mithilfe der kurzen Geschichte und dem passenden Bild lösen kann. Zu den beiden anderen Fragen kannst du keine Antworten liefern.

[X] Wie viele Karten fehlen ihm auf dieser Doppelseite?
[ ] Wie viele Karten kleben insgesamt im Heft?
[ ] Welche Karten fehlen ihm?

b) Bilde die Rechnung zur passenden Frage und schreibe die Antwort auf.

Hinweis: Lies die Sachaufgabe und die passende Frage noch einmal genau durch und markiere wichtige Angaben. Sieh dir auch das Bild dazu noch einmal an. So kommst du sicher schnell auf die Rechnung.

18 – 12 = 6

Antwort: **6 Karten fehlen ihm auf dieser Doppelseite.**

 c) Auch Marina sammelt gern Fußballbilder. Ihr fehlen auf der Seite ebenfalls noch einige Sticker. Erstelle für Marina eine mögliche Rechengeschichte und schreibe sie hier auf.

Hinweis: Diese Geschichte kannst du ganz individuell gestalten, z. B.:
– Marina fehlen noch 8 Sticker auf dieser Doppelseite.
– Marina hat bereits 9 Sticker gesammelt. Von ihrem Bruder bekommt sie weitere 4 Stück geschenkt.
Du darfst auch Rechenfrage, Rechnung und Antwort zu deiner Geschichte formulieren.

Lösungsvorschläge:

Marina fehlen noch 8 Sticker auf dieser Doppelseite.
Frage: Wie viele Sticker hat sie gesammelt?
Rechnung: 18 – 8 = 10
Antwort: Sie hat 10 Sticker gesammelt.

Marina hat bereits 9 Sticker gesammelt. Von ihrem Bruder bekommt sie weitere 4 Stück geschenkt.
Frage: Wie viele Sticker fehlen ihr noch?
Rechnung: 9 + 4 = 13
18 – 13 = 5
Antwort: Ihr fehlen noch 5 Sticker.

Lösungen – Zahlen und Operationen • Niveau B

Übungsset 2

1 Lena hat diese Zahl gelegt:

Z	E
● ● ● ● ● ● ●	● ● ● ●

Zahl	Zahlwort
74	**vierundsiebzig**

a) Wie heißt die Zahl? Schreibe auf.

Hinweis: Zähle zuerst die Zehner und schreibe die Anzahl auf. Zähle dann die Einer und schreibe auch diese Anzahl auf. So erhältst du die Zahl. Beim Zahlwort wird zuerst der Einer gesprochen und die Zehnerzahl durch ein „und" angehängt. Schreibe ein zusammenhängendes Wort.

b) Andrea nimmt zwei Plättchen weg. Welche Zahlen können entstehen?

Hinweis: Es gibt drei Möglichkeiten:
- *Andrea nimmt an der Zehnerstelle zwei Plättchen weg. So entsteht die Zahl 54.*
- *Andrea nimmt an der Einerstelle zwei Plättchen weg. Es entsteht die Zahl 72.*
- *Andrea nimmt an der Zehnerstelle und der Einerstelle je ein Plättchen weg. Es entsteht die Zahl 63.*

Schreibe alle drei Zahlen auf.

54, 72, 63

c) Leon legt zwei Plättchen in Lenas Stellenwerttafel dazu. Welche Zahlen können entstehen?

Hinweis: Auch hier sind je zwei Plättchen an der Zehner- oder Einerstelle oder je ein Plättchen an der Zehner- oder Einerstelle möglich. Du kannst dir die Lösung auch aufzeichnen.

94, 76, 85

Lösungen – Zahlen und Operationen • Niveau B

2 Du hast immer 8 Plättchen. Male sie so in die Stellenwerttabelle, dass du …

Hinweis: Um die größtmögliche Zahl zu bilden, malst du alle Plättchen an die Zehnerstelle. Um die kleinstmögliche Zahl zu bilden, malst du dagegen alle an die Einerstelle.

	Z	E	Zahl
die größtmögliche Zahl erhältst.	●●●●● ●●●		80
die kleinstmögliche Zahl bildest.		●●●●● ●●●	8
eine Zahl mit gleich vielen Zehner und Einern erhältst.	●●●●	●●●●	44
eine Zahl mit sieben Zehnern bildest.	●●●●● ●●	●	71

3 Löse die Platzhalteraufgaben.
Tipp: Das Umstellen der Aufgaben kann dir helfen.

Hinweis: Stelle die Aufgaben so um, dass der Platzhalter hinter dem Ist-gleich-Zeichen steht. Beachte dabei, dass du dann bei Plusaufgaben (+) das Rechenzeichen umkehren und minus (–) rechnen musst. Bei Minusaufgaben (–) tauschst du das Ergebnis mit dem Platzhalter und rechnest weiterhin minus (–).

a) 7 + **8** = 15
9 + **9** = 18
6 + **5** = 11

b) 16 – **7** = 9
14 – **6** = 8
12 – **8** = 4

c) 5 + **9** = 14
10 – **7** = 3
17 – **9** = 8

Lösungen – Zahlen und Operationen • Niveau B

4 a) Welche Zahlen verstecken sich hinter den Symbolen?

1	2	3	4	5	6	7	8	9	10
11	12	🔔	14	15	16	17	18	19	20
21	22	23	24	25	🌷	27	28	29	30
31	♥	33	34	35	36	37	38	🚌	40
41	42	43	44	45	46	47	48	49	50
51	42	53	🦀	55	56	57	58	59	60
61	62	63	65	65	66	67	68	69	☂
71	72	73	74	🐀	76	77	78	79	80
81	82	83	84	85	86	🚀	88	89	90
★	92	93	94	95	96	97	98	99	100

Hinweis: Beachte die Nachbarzahlen (Vorgänger und Nachfolger).

🔔 13   🚌 39   🐀 75
🌷 26   🦀 54   🚀 87
♥ 32   ☂ 70   ★ 91

b) Was geht wohin? Beschreibe die Wege mit Pfeilen.

Beispiel: 🔔 zu 🚀: → → → → ↓ ↓ ↓ ↓ ↓ ↓ ↓

Hinweis: Arbeite systematisch. Gehe erst alle Zehnerschritte und dann alle Einerschritte (oder umgekehrt). So findest du auf dem kürzesten Weg zum nächsten Symbol.

🦀 zu 🌷   → → ↑ ↑ ↑   oder   ↑ ↑ ↑ → →

♥ zu ⭐   ← ↓ ↓ ↓ ↓ ↓ ↓   oder   ↓ ↓ ↓ ↓ ↓ ↓ ←

c) Hinter den Wegen aus Aufgabe 4b verstecken sich Rechenaufgaben. Kannst du sie erkennen?

Tipp: → = + 1, ↓ = + 10, ← = − 1, ↑ = − 10

Wie heißen die Rechnungen zu den Wegen aus Aufgabe 4b?

Hinweis: Hier sind mehrere Rechenwege denkbar: Du kannst entweder nacheinander erst die Zehner und dann die Einer (oder erst die Einer, dann die Zehner) addieren (+) bzw. subtrahieren (−). Oder du kannst bereits die Summen aller Einer und Zehner bilden, z. B.: 13 + 4 + 70 = 87. Die Zielzahlen kennst du aus Aufgabe 4a und bieten dir eine Selbstkontrolle.

🔔 zu 🚀 : **13 + 1 + 1 + 1 + 1 + 10 + 10 + 10 + 10 + 10 + 10 + 10 = 87**

🦀 zu 🌷 : **54 + 1 + 1 − 10 − 10 − 10 = 26**

♥ zu ⭐ : **32 − 1 + 10 + 10 + 10 + 10 + 10 + 10 = 91**

5 Löse die verwandten Aufgaben. Finde selbst weitere.

Hinweis: Bei den vorgegebenen Aufgaben siehst du, dass immer nur der Zehner verändert wird, der Einer bleibt gleich. Setze dieses Muster fort. Im Ergebnis bleibt der Einer ebenfalls gleich und nur der Zehner verändert sich.

5 + 3 = **8**	7 − 2 = **5**	9 − 4 = **5**
15 + 3 = **18**	27 − 2 = **25**	89 − 4 = **85**
25 + 3 = **28**	57 − 2 = **55**	**19** − 4 = **15**
45 + 3 = **48**	**77** − 2 = **75**	**39** − 4 = **35**
65 + 3 = **68**	**97** − 2 = **95**	**69** − 4 = **65**

Lösungen – Zahlen und Operationen • Niveau B

6 Betrachte die Aufgabenreihen und setze sie fort.

Hinweis: In der ersten Aufgabenreihe hilft dir die kleine Aufgabe (z. B. 2 + 2 = 4) beim Lösen der großen Aufgabe (z. B. 62 + 2 = 64). Die zweite Zahl in der Rechnung wird hier stets um 1 mehr, sodass bei der letzten Aufgabe auch der neue Zehner erreicht wird. In der mittleren Reihe verändern sich jeweils die erste Zahl (minus 1) und die zweite Zahl (plus 1), sodass das Ergebnis immer 49 bleibt. Bei der letzten Aufgabenreihe bleibt die erste Zahl gleich und die zweite Zahl wird jeweils um 1 kleiner, sodass das Ergebnis sich stets um 1 erhöht.

62 + 2 = **64**	47 + 2 = **49**	78 – 7 = **71**
62 + 3 = **65**	46 + 3 = **49**	78 – 6 = **72**
62 + 4 = **66**	45 + 4 = **49**	78 – 5 = **73**
62 + 5 = 67	**44 + 5 = 49**	**78 – 4 = 74**
62 + 6 = 68	**43 + 6 = 49**	**78 – 3 = 75**
62 + 7 = 69	**42 + 7 = 49**	**78 – 2 = 76**
62 + 8 = 70	**41 + 8 = 49**	**78 – 1 = 77**

7 Kann das stimmen? Überprüfe die Rechnungen. Verbessere falsche Ergebnisse auf der Schreiblinie daneben, hake richtige ab.

Hinweis: Achte beim Rechnen auf den Zehnerübergang.

a) 38 + 7 = 45 ✓ b) 43 – 8 = 52 **35** c) 66 + 5 = 70 **71**
 54 + 8 = 62 ✓   71 – 6 = 65 ✓   75 – 6 = 81 **69**
 79 + 3 = 83 **82**   88 – 9 = 80 **79**   48 + 4 = 52 ✓
 27 + 6 = 33 ✓   26 – 7 = 19 ✓   51 – 8 = 57 **43**

d) Betrachte die fehlerhaften Aufgaben von Aufgabe 7 c. Welche Fehler wurden hier gemacht?

Hinweis: Zählendes Rechnen ist oft die Ursache dafür, dass das Ergebnis nur um eins von der richtigen Lösung abweicht. Eine andere Fehlerquelle besteht darin, das Rechenzeichen nicht zu beachten und plus (+) statt minus (–) zu rechnen. Ein weiterer Grund für Fehler ist das Verdrehen der Einerzahlen, um die Aufgabe leichter zu machen. So kann es passieren, dass z. B. aus der Aufgabe 51 – 8 = 43 die Aufgabe 58 – 1 = 57 wird.

66 + 5 = 70 **71** Fehler: zählendes Rechnen
75 – 6 = 81 **69** Fehler: Rechnung mit Plus statt Minus
51 – 8 = 57 **43** Fehler: Verdrehen der Einerzahlen

8 Johannes möchte sich ein Pausenbrot machen. Hier siehst du, was er zur Auswahl hat:

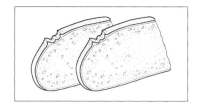 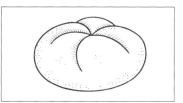 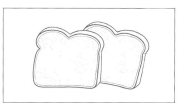
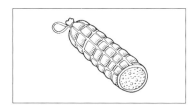 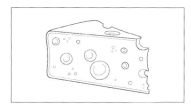 

Er möchte das Brot mit **einer** Brotsorte und **einem** Belag zubereiten. Wie viele Möglichkeiten hat er? Male oder schreibe deine Lösungen auf.

Hinweis: Gehe strukturiert und systematisch vor. Beginne z. B. mit der ersten Brotsorte (Vollkornbrot oder V) und belege sie mit je einem Belag (Wurst/W, Käse/K, Marmelade/M). Mache dann genauso mit der zweiten Brotsorte (Semmel oder S) und schließlich mit der dritten Brotsorte (Toast oder T) weiter. Du kannst die Wörter ausschreiben, aber auch Abkürzungen nutzen. Zudem kannst du die Lösung auch aufmalen, z. B. als Zeichnungen oder als Baumdiagramm.

V + W	**S + W**	**T + W**
V + K	**S + K**	**T + K**
V + M	**S + M**	**T + M**

Johannes hat **9** Möglichkeiten für das Pausenbrot.

Übungsset 3

1 a) Höre dir Track 4 an. Schreibe die diktierten Zahlen auf.

Hinweis: Höre genau zu und schreibe die Zehner und die Einer in der richtigen Reihenfolge auf. Beim Zahlwort wird zuerst der Einer gesprochen und die Zehnerzahl durch ein „und" angehängt. Pass hier genau auf, dass du die Zahl richtig herum aufschreibst.

1	2	3	4	5	6	7	8	9	10
65	(82)	(48)	(36)	37	(100)	90	99	75	(42)

b) Kreise alle geraden Zahlen in Aufgabe 1a ein.

Lösungen – Zahlen und Operationen • Niveau B

2 Trage richtig ein: Vorgänger (V), Zahl (Z) und Nachfolger (N).

Hinweis: Hier sollst du die Begriffe Vorgänger und Nachfolger im Zahlenraum bis 100 anwenden. Bei der zweiten Tabelle musst du zwei Nachfolger finden, wenn der Vorgänger angegeben ist. Und wenn der Nachfolger angegeben ist, musst du zwei Vorgänger finden.

V	Z	N
41	42	**43**
67	68	**69**
98	99	**100**
69	70	**71**
28	29	**30**

V	Z	N
75	**76**	**77**
21	**22**	23
87	**88**	**89**
33	**34**	**35**
49	**50**	51

3 Vergleiche jeweils die beiden Zahlen. Trage <, > oder = ein.

Hinweis: In der ersten Spalte vergleichst du Zahlen. In der zweite Spalte musst du die Aufgaben lösen, bevor du jeweils die beiden Seiten vergleichen kannst. Notiere dir die Ergebnisse als Hilfszahl über den Aufgaben. Das Größer-/Kleinerzeichen muss mit der offenen Seite zur größeren Zahl zeigen.

54 **>** 50   89 **>** 71
23 **<** 32   90 **=** 90
18 **<** 100   17 + 5 **<** 23
95 **<** 99   87 **=** 79 + 8

4 Löse die Platzhalteraufgaben.
Tipp: Das Umstellen der Aufgaben kann dir helfen.

Hinweis: Du kannst hier zunächst bis zum nächsten Zehner ergänzen und dann die noch fehlenden Einer hinzunehmen. Oder du stellst die Aufgabe so um, dass der Platzhalter hinter dem Ist-gleich-Zeichen steht. Beachte dabei, dass du dann bei Plusaufgaben (+) das Rechenzeichen umkehren und minus (–) rechnen musst. Bei Minusaufgaben (–) tauschst du das Ergebnis mit dem Platzhalter und rechnest weiterhin minus (–).

a) 18 + **5** = 23   b) 32 – **6** = 26   c) 67 + **7** = 74
   46 + **8** = 54   81 – **7** = 74   60 – **50** = 10

90

Lösungen – Zahlen und Operationen • Niveau B

5 a) Schreibe zu jedem Rechenbild eine Plus- oder eine Minusaufgabe.

Hinweis: Zähle zunächst die schwarzen Zehnerstangen und Einerpunkte und schreibe die Zahl auf. Zähle dann die grauen Stangen und Punkte und schreibe auch diese auf. Nun kannst du aus diesen beiden Zahlen eine Plusaufgabe (+) bilden. Wenn Zehnerstangen und Einerpunkte durchgestrichen sind, musst du eine Minusaufgabe bilden. Zähle zuerst alle Stangen und Punkte und danach noch einmal die durchgestrichenen.

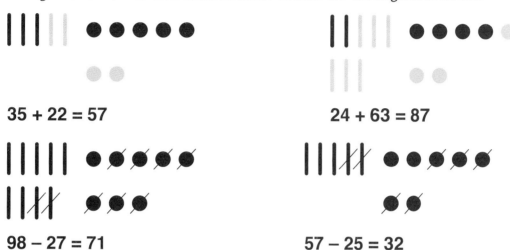

35 + 22 = 57   **24 + 63 = 87**

98 − 27 = 71   **57 − 25 = 32**

b) Zeichne zu den folgenden Aufgaben eigene Rechenbilder. Benutze dabei Zehnerstangen und Einerpunkte und löse die Aufgabe mithilfe deiner Zeichnung.

Hinweis: Male bei der Plusaufgabe zuerst alle Zehner (5 + 2) und Einer (6 + 9) als Zehnerstangen und Einerpunkte auf. Beachte, dass du dann 10 Einerpunkte in eine Zehnerstange umwechseln musst.
Bei der Minusaufgabe malst du zunächst 8 Zehnerstangen und 2 Einerpunkte. Streiche dann 3 Zehnerstangen weg. Nun musst du noch 6 Einerpunkte wegstreichen, hast aber nur 2 Einerpunkte zur Verfügung. Wechsle daher eine Zehnerstange in 10 Einerpunkte um.

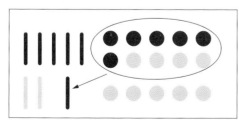
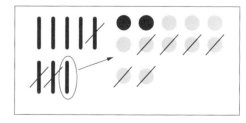

56 + 29 = **85**   82 − 36 = **46**

Was fällt dir auf?

Ich muss 10 E in 1 Z wechseln bzw. 1 Z in 10 E, um die Aufgaben zeichnerisch lösen zu können.

Lösungen – Zahlen und Operationen • Niveau B

6 Rechne.

Hinweis: Bei den Teilaufgaben a und b verändert sich immer nur die Zehnerstelle, da eine der beiden Zahlen vor dem Ist-gleich-Zeichen immer eine 0 an der Einerstelle hat. Bei Übungsreihe c kann es dir helfen, die Aufgaben so umzustellen, dass der Platzhalter hinter dem Ist-gleich-Zeichen steht (z. B. durch die Bildung von Umkehraufgaben).

a) 27 + 30 = **57**	b) 88 − 50 = **38**	c) 32 + **60** = 92
38 + 50 = **88**	53 − 40 = **13**	84 − **50** = 34
55 + 40 = **95**	49 − 20 = **29**	66 + **20** = 86
40 + 42 = **82**	75 − 30 = **45**	57 − **40** = 17
70 + 18 = **88**	96 − 60 = **36**	**13** + 60 = 73
54 + 30 = **84**	36 − 30 = **6**	**91** − 80 = 11

7 Rechne auf deinem Weg.

Hinweis: Hier gibt es mehrere Lösungsmöglichkeiten. Rechne so, wie du es am besten kannst. Du kannst z. B. wie im Lösungsvorschlag zuerst die Zehner addieren (+) bzw. subtrahieren (−) und danach mit den übrigen Einern rechnen. Oder du ergänzt erst zum nächsten vollen Zehner und addierst (+) dann den Rest. Wichtig ist hier nur, dass du mit deinem Weg das richtige Ergebnis erhältst.

Lösungsvorschlag:

a) 27 + 35 = **62** 47 + 45 = **92** 68 + 27 = **95**
   27 + 30 = 57 **47 + 5 = 52** **68 + 30 = 98**
   57 + 5 = 62 **52 + 40 = 92** **98 − 3 = 95**

b) 83 − 55 = **28** 53 − 36 = **17** 96 − 68 = **28**
   83 − 50 = 33 **53 − 30 = 23** **96 − 70 = 26**
   33 − 5 = 28 **23 − 6 = 17** **26 + 2 = 28**

c) 43 + 39 = **82** 83 − 18 = **65** 74 − 29 = **45**
   43 + 40 = 83 **83 − 20 = 63** **74 − 30 = 44**
   83 − 1 = 82 **63 + 2 = 65** **44 + 1 = 45**

Lösungen – Zahlen und Operationen • Niveau B

d) Welcher Trick kann dir bei Aufgabe 7c helfen?

Hinweis: Hier kannst du mit der nächstgelegenen Zehnerzahl rechnen und dann überzählige oder fehlende Einer abziehen oder ergänzen (siehe Lösungsvorschlag bei Aufgabe c).

Ich addiere/subtrahiere erst den Zehner und nehme weg/gebe dazu, was zu viel/zu wenig war.

8 Ergänze die Zahlenmauern.

Hinweis: Addiere (+) bei der linken Mauer immer zwei nebeneinanderliegende Steine und schreibe das Ergebnis auf den Stein darüber. Die zweite Mauer solltest du von oben nach unten bearbeiten. Löse hierfür die Platzhalteraufgabe, z. B. 28 + __ = 55, oder die Umkehraufgabe, z. B. 55 – 28 = __. Du kannst die Rechnungen auf einem Extrablatt notieren.

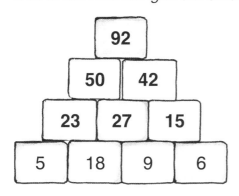
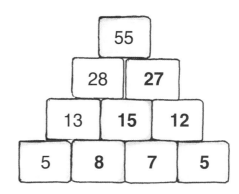

Übungsset 4

1 Trage die Zahlen am Zahlenstrahl ein. Verbinde die Zahlen darunter an die richtige Stelle.

Hinweis: Die dicken, schwarzen Striche kennzeichnen hier die Zehnerzahlen, die grauen Striche weisen dich auf Fünferschritte hin und jeder einzelne dünne Strich steht für einen Einerschritt. Orientiere dich zudem an den vorgegebenen Zahlen 50 und 70. Trage dann die fehlenden Zahlen ein und verbinde die gesuchten Zahlen.

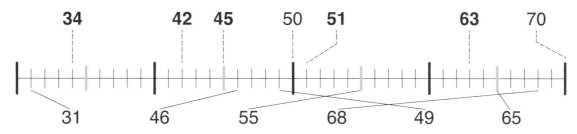

Lösungen – Zahlen und Operationen • Niveau B

2 a) Finde die passenden Plus- und Malaufgaben. Rechne aus.

Hinweis: Hier siehst du die Gegenstände immer in Gruppen (z. B. immer vier Blumen in einer Vase). Bilde und rechne jeweils erst die Plusaufgabe (+). Zähle dann, wie oft du die Zahl addiert (+) hast. Dadurch erhältst du die Zahl, mit der du die Zahl malnehmen (·) musst.

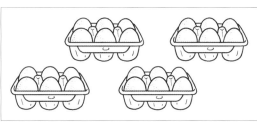

4 + 4 + 4 = **12**   6 + 6 + 6 + 6 = **24**
3 · 4 = **12**   4 · 6 = **24**

2 + 2 + 2 + 2 + 2 + 2 = **12**   5 + 5 + 5 + 5 + 5 = **25**
6 · 2 = **12**   5 · 5 = **25**

b) Zeichne und rechne.

Hinweis: Überlege dir nun selbst Bilder für die vorgegebenen Malaufgaben. Für das 2er-Einmaleins sind z. B. Kirschen, Socken oder ähnliche Dinge, die häufig doppelt vorkommen, geeignet. Beim 5er-Einmaleins kannst du z. B. die Finger einer Hand, Würfelbilder oder eine Blüte mit fünf Blütenblättern malen. Um zu verdeutlichen, welche Gegenstände zusammengehören, kannst du sie auch einkreisen.

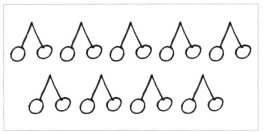

9 · 2 = **18**   4 · 5 = **20**

Lösungen – Zahlen und Operationen • Niveau B

3 a) Verbinde die Aufgaben, die zusammengehören. Rechne aus.

Hinweis: Zähle bei den langen Plusaufgaben (+), wie oft die gleiche Zahl addiert (+) wird. So erhältst du die Zahl, mit der du die sich wiederholende Zahl addieren musst.

6 · 3 = **18**   2 · 9 = **18**   4 · 7 = **28**

2 + 2 + 2 + 2 + 2 + 2 = **12**   6 + 6 + 6 + 6 + 6 = **30**

8 + 8 + 8 = **24**   7 + 7 + 7 + 7 = **28**   9 + 9 = **18**

5 · 6 = **30**   3 · 8 = **24**

b) Zwei Aufgaben haben keinen Partner gefunden. Schreibe sie hier geordnet auf und ergänze die passende Aufgabe:

Hinweis: Wandle die Malaufgabe (·) in einer Plusaufgabe (+) um, indem du die zweite Zahl der Rechnung so oft addierst (+), wie es die erste Zahl der Malaufgabe vorgibt. Die Plusaufgabe (+) wandelst du in eine Malaufgabe (·) um, indem du wieder zählst, wie oft die gleiche Zahl addiert wurde.

6 · 3 = 18   **6 · 2 = 12**
3 + 3 + 3 + 3 + 3 + 3 = 18   **2 + 2 + 2 + 2 + 2 + 2 = 12**

4 Turkan will zum Basketballtraining und weiß nicht genau, was er anziehen soll. In seinem Schrank sind eine rote, eine blaue, eine grüne und eine gelbe Hose 🩳. Dazu hat er ein weißes, ein schwarzes und ein graues T-Shirt 👕 zur Auswahl.
Male oder schreibe alle Möglichkeiten auf, wie er sich kleiden kann. Kreise die Möglichkeit ein, die du am schönsten findest.

Hinweis: Gehe strukturiert und systematisch vor. Beginne z. B. mit der roten Hose und kombiniere sie mit jedem T-Shirt. Mache dann genauso mit den anderen Hosen weiter. Du kannst die Wörter ausschreiben, aber auch Abkürzungen nutzen. Zudem kannst du die Lösung auch aufmalen, z. B. als Zeichnungen oder als Baumdiagramm.

rote Hose + weißes T-Shirt
rote Hose + schwarzes T-Shirt
(rote Hose + graues T-Shirt)

Lösungen – Zahlen und Operationen • Niveau B

blaue Hose + weißes T-Shirt
blaue Hose + schwarzes T-Shirt
blaue Hose + graues T-Shirt

grüne Hose + weißes T-Shirt
grüne Hose + schwarzes T-Shirt
grüne Hose + graues T-Shirt

gelbe Hose + weißes T-Shirt
gelbe Hose + schwarzes T-Shirt
gelbe Hose + graues T-Shirt

Turkan hat **12** Möglichkeiten.

5 Hier siehst du Ausschnitte aus einem Hunderterfeld. Finde zu jeder dargestellten Malaufgabe auch die Nachbaraufgaben.

Hinweis: Durch das Wegstreichen einer waagerechten Reihe gelangst du hier stets zur „kleineren" Malaufgabe, durch das Hinzufügen einer Reihe zur „größeren" Nachbarrechnung.

a)

2 · 3 = **6**   3 · 3 = **9**   4 · 3 = **12**

b)

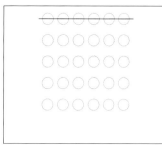

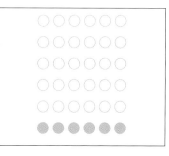

4 · 6 = **24**   5 · 6 = **30**   6 · 6 = **36**

c)

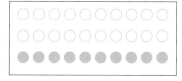

1 · 10 = **10**   2 · 10 = **20**   3 · 10 = **30**

Lösungen – Zahlen und Operationen • Niveau B

d)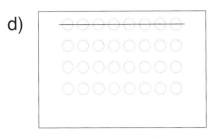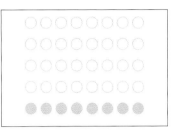

      3 · 8 = 24   4 · 8 = 32   5 · 8 = 40

Übungsset 5

 1 Höre dir Track 5 an. Überlege und schreibe die Ergebnisse auf.

Hinweis: Höre genau zu. Manche Ergebnisse kannst du bestimmt direkt im Kopf ausrechnen. Du kannst dir die gesprochene Rechnung aber auch notieren und dann rechnen. Mache einen Strich, wenn du ein Ergebnis nicht weißt, und versuche, es am Ende noch einmal zu berechnen. Du kannst dir den Track zur Kontrolle noch einmal anhören.

1	2	3	4	5	6	7	8	9	10
20	100	60	92	47	40	10	82	67	45

 2 Jana und Tom sind auf dem Jahrmarkt. Sie sehen sich die Lostrommeln an. Welche Zahlen gewinnen? Schreibe sie darunter auf die Linie.

Hinweis: Beachte hier, in welche Richtung das Größer-/Kleinerzeichen zeigt. Bei der ersten Lostrommel zeigt das Zeichen von der Zahl weg. Es handelt sich also um ein Größerzeichen und es gewinnen Zahlen, die größer sind als 50. Bei der zweiten Lostrommel zeigt das Zeichen zur Zahl. Es handelt sich also um ein Kleinerzeichen und es gewinnen Zahlen, die kleiner sind als 72. Die Zahl 72 ist dabei nicht enthalten.

1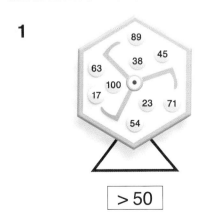

> 50

71, 63, 54, 89, 100

2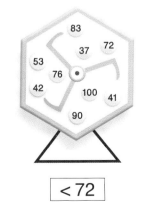

< 72

41, 37, 53, 42

Lösungen – Zahlen und Operationen • Niveau B

3 a) Verbinde jede Aufgabe mit ihrer Tauschaufgabe und rechne aus.

Hinweis: Auch bei Malaufgaben (·) gibt es Tauschaufgaben. Dabei vertauscht man die beiden Zahlen vor dem Ist-gleich-Zeichen. Das Ergebnis bleibt gleich.

5 · 2 = **10**	4 · 5 = **20**
10 · 7 = **70**	3 · 9 = **27**
6 · 5 = **30**	2 · 5 = **10**
5 · 4 = **20**	7 · 10 = **70**
9 · 3 = **27**	5 · 6 = **30**

b) Bei Quadrataufgaben gibt es keine Tauschaufgabe. Woran liegt das? Begründe und nenne ein Beispiel.

Hinweis: Bei Quadrataufgaben sind beide Zahlen vor dem Ist-gleich-Zeichen gleich, z. B. 2 · 2, 3 · 3, 4 · 4, 5 · 5.

Bei Quadrataufgaben sind die Zahlen vor dem Ist-gleich-Zeichen gleich. Die Tauschaufgabe würde also genauso aussehen wie die Aufgabe, z. B. 3 · 3 = 9.

4 Kreise ein und rechne.

Hinweis: Die erste Zahl der Rechnung unter dem Bild gibt an, wie viele Gegenstände insgesamt zu sehen sind. Diese Gesamtanzahl sollst du nun in Päckchen aufteilen. Wie viele Dinge ein Päckchen enthält, gibt die zweite Zahl der Rechnung an. Beim ersten Bild hast du z. B. 12 Milchtüten, die du in Gruppen von immer 3 Milchtüten aufteilen sollst. Kreise also immer 3 Milchtüten ein. Zähle dann, wie viele Kreise du gemalt hast, und schreibe die Anzahl als Ergebnis auf (4). Bilde danach die passende Umkehraufgabe, indem du von hinten nach vorne rechnest, die erste Zahl der Geteiltaufgabe (:) also zum Ergebnis der Malaufgabe (·) wird. Denke daran, dass du das Rechenzeichen ändern musst: geteilt (:) wird zu mal (·).

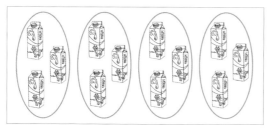
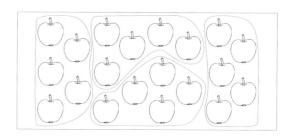

12 : 3 = **4**

4 · 3 = 12

20 : 5 = **4**

4 · 5 = 20

Lösungen – Zahlen und Operationen • Niveau B

40 : 4 = **10**
10 · **4** = 40

14 : 7 = **2**
2 · 7 = 14

5 Schreibe zu jedem Bild eine Geteiltaufgabe.

Hinweis: Du kannst hier unterschiedlich vorgehen. Die erste Möglichkeit ist, dass du zuerst die passende Malaufgabe (·) bildest, z. B. 3 · 5 = 15 beim ersten Bild.
Die zweite Möglichkeit ist, dass du zunächst alle Dinge auf einem Bild zählst (z. B. 15 Birnen). Dadurch erhältst du die erste Zahl der Rechnung. Als Nächstes zählst du, wie viele Dinge in einer Gruppe sind (z. B. 5 Birnen). Das ist die zweite Zahl der Rechnung. Berechne anschließend das Ergebnis (z. B. 3).
Eine dritte Möglichkeit ist, dass du wieder alle Dinge auf einem Bild zählst (z. B. 15 Birnen). Dadurch erhältst du die erste Zahl der Rechnung. Als Nächstes zählst du, in wie viele Gruppen die Dinge verteilt werden sollen (z. B. 3). Das ist dann die zweite Zahl deiner Rechnung. In diesem Fall erhältst du andere Geteiltaufgaben, als unten angegeben sind. Diese sind aber auch richtig:
15 : 3 = 5, 24 : 4 = 6, 18 : 6 = 3 und 20 : 10 = 2.

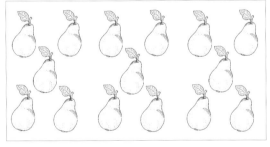
15 : 5 = 3

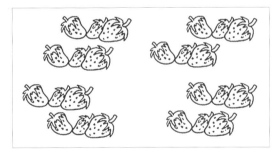
24 : 6 = 4

18 : 3 = 6

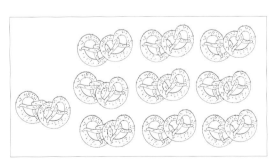
20 : 2 = 10

Lösungen – Zahlen und Operationen • Niveau B

6 Emily und Tom haben im Garten verschiedene Gewächse eingepflanzt.

Hinweis: Sieh dir das Bild genau an und suche jeweils das genannte Obst, Gemüse oder Tier. Die Dinge sind in Gruppen abgebildet. Du kannst also Mal- (·) und Geteiltaufgaben (:) nutzen, um die Lösungen schnell zu berechnen. Bei der ersten Aufgabe siehst du z. B., dass es drei Reihen mit je vier Salatköpfen gibt. Rechne also 3 · 4. Die Tauschaufgabe 4 · 3 ist ebenfalls richtig.

Stimmen die Aussagen? Achte auf das Bild. Schreibe Rechnungen zu den Aussagen und kreuze an.

	Rechnung	richtig	falsch
Die beiden Kinder ernten 11 Salatköpfe.	3 · 4 = 12 (4 · 3 = 12) 4 + 4 + 4 = 12 (3 + 3 + 3 + 3 = 12)	☐	☒
Am Himmel fliegen 9 Vögel.	3 · 3 = 9 (3 + 3 + 3 = 9)	☒	☐
Die Kirschen können Emily und Tom gerecht unter sich aufteilen.	10 · 2 = 20 20 : 2 = 10	☒	☐
Die Kinder können insgesamt 28 Tomaten ernten.	6 · 4 = 24 oder 4 · 6 = 24	☐	☒
Emily und Tom möchten die Tomaten mit Ahmed und Lisa teilen. Jedes Kind erhält dann 5 Tomaten.	24 : 4 = 6	☐	☒

Übungsset 6

1 Ergänze die folgenden Rechenzeichen: +, -, =, >, <

Hinweis: In der ersten Spalte siehst du Aufgaben, die alle ein Ist-gleich-Zeichen enthalten. Hier kannst du davon ausgehen, dass du Plus- (+) und Minuszeichen (–) ergänzen musst. Rechne die Umkehraufgaben oder probiere aus, ob du durch Plus- (+) oder Minusrechnen (–) auf das richtige Ergebnis kommst.
In der zweiten Spalte musst du Ist-gleich-, Größer- oder Kleinerzeichen ergänzen, damit vollständige Rechnungen oder Vergleiche entstehen. Berechne die Plus- und Minusaufgaben und notiere dir das Ergebnis mit Bleistift darüber. Setze dann das passende Rechenzeichen ein. Das Größer-/Kleinerzeichen muss mit der offenen Seite zur größeren Zahl zeigen.
In der dritten Spalte sind die Aufgaben gemischt. Gehe bei Aufgaben mit Ist-gleich-Zeichen wie in der ersten Spalte vor und bei den restlichen Aufgaben wie in der zweiten Spalte.

62 – 28 = 34	82 – 35 > 28	90 – 46 = 44
23 + 49 = 72	35 + 58 = 93	54 + 28 = 82
28 + 35 = 63	76 – 49 > 25	64 – 39 < 35
81 – 22 = 59	98 = 59 + 39	26 + 58 > 83
93 – 67 = 26	35 = 63 – 28	42 = 71 – 29

2 a) Addiere die Zahlen in den Türmen. Male die Türme an, deren Zahlen genau 100 ergeben.

Hinweis: Hier musst du Kettenaufgaben lösen. Du kannst schrittweise auf einem Extrablatt rechnen oder dir Notizen neben den Türmen machen. Die Ergebnisse lauten von links nach rechts: 100, 98, 100, 95, 110.

Lösungen – Zahlen und Operationen • Niveau B

b) Ergänze die Zahlentürme so, dass 100er-Türme entstehen.

Hinweis: Gehe folgendermaßen vor: Entweder ziehst du von 100 in Schritten die angegebenen Zahlen nacheinander ab (–) oder du addierst (+) die angegebenen Zahlen und ziehst dieses Ergebnis von 100 ab. Wenn nur eine Zahl im Turm fehlt, hast du diese nun schon gefunden. Fehlen mehrere Zahlen, musst du die erhaltene Zahl noch in zwei oder drei Zahlen zerlegen. Addiere (+) am Ende noch einmal alle Zahlen in einem Turm, um zu prüfen, ob das Ergebnis nun wirklich 100 ist. Tipp: Die Einer müssen zusammengezählt 10 ergeben. Vergiss diesen Zehner aber nicht beim Addieren (+) der Zehner!

Lösungsvorschlag:

 c) Erfinde eigene 100er-Zahlentürme mit jeweils vier Zahlen.

Hinweis: Beginne mit einer beliebigen Zahl unter 100 und ergänze drei weitere Zahlen, sodass du am Ende durch Plusrechnen auf 100 kommst. Bedenke, dass deine Ausgangszahl nicht zu nah an 100 liegen sollte, damit du noch genügend Zahlen zur Ergänzung findest.

Lösungsvorschlag:

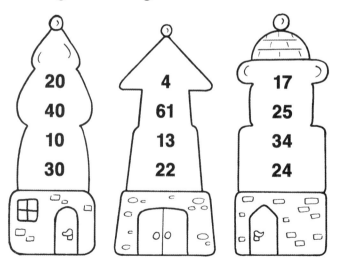

Lösungen – Zahlen und Operationen • Niveau B

3 Rechne die Kernaufgaben aus dem Einmaleins aus.

Hinweis: Kernaufgaben sind die Einmaleinsreihen des 1er-, 2er-, 5er- und 10er-Einmaleins sowie die Quadratzahlen. Nahezu alle anderen Malaufgaben kannst du als Nachbaraufgaben von diesen Malreihen ableiten.

2 · 5 = **10**	2 · 6 = **12**	8 · 2 = **16**
5 · 5 = **25**	10 · 6 = **60**	9 · 2 = **18**
4 · 5 = **20**	5 · 6 = **30**	3 · 4 = **12**
2 · 3 = **6**	2 · 7 = **14**	4 · 4 = **16**
5 · 3 = **15**	5 · 7 = **35**	6 · 6 = **36**
10 · 3 = **30**	7 · 7 = **49**	9 · 9 = **81**

4 Drei Zahlen, vier Aufgaben.

a) Finde je zwei Mal- und zwei Geteiltaufgaben zu den drei Zahlen.

Hinweis: Bilde die erste Aufgabe am besten, indem du einfach die Zahlen in der gleichen Reihenfolge wie angegeben aufschreibst und Rechenzeichen dazwischensetzt. So erhältst du die erste Malaufgabe. Bilde davon die Tauschaufgabe, um die zweite Malaufgabe zu erhalten. Zuletzt bildest du die zugehörigen Umkehraufgaben und erhältst dadurch die gesuchten Geteiltaufgaben.

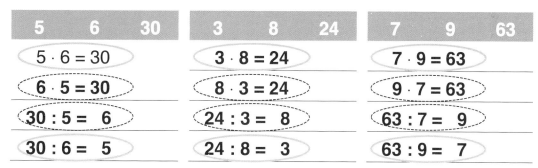

5	6	30		3	8	24		7	9	63
5 · 6 = 30				3 · 8 = 24				7 · 9 = 63		
6 · 5 = 30				8 · 3 = 24				9 · 7 = 63		
30 : 5 = 6				24 : 3 = 8				63 : 7 = 9		
30 : 6 = 5				24 : 8 = 3				63 : 9 = 7		

b) Kreise bei Aufgabe 4a immer die Malaufgabe und ihre Umkehraufgabe in der gleichen Farbe ein.

Hinweis: Bei Umkehraufgaben rechnest du die ursprüngliche Aufgabe „rückwärts". So kannst du die Aufgaben eindeutig zuordnen.

Lösungen – Zahlen und Operationen • Niveau B

5 Hier siehst du den Übersichtsplan von einem Zoo:

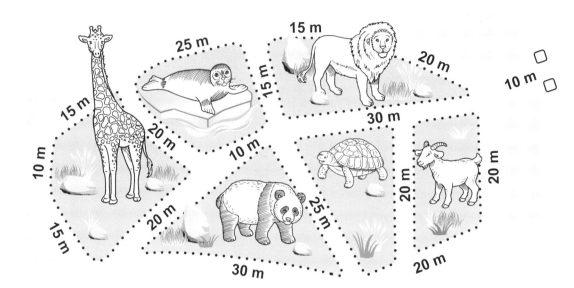

a) Als Erstes möchtest du auf dem kürzesten Weg zu den Giraffen.

Frage: Wie weit musst du gehen, bis du ihr Gehege erreichst?

Hinweis: Der Plan liefert dir wichtige Informationen zu den Längenangaben. Nimmst du den kürzesten Weg, dann ist dieser 50 Meter lang (10 m + 30 m + 10 m = 50 m). Denke beim Aufschreiben der Rechnung an die Einheit (m). Andere Wege obenherum (10 m + 20 m + 15 m + 25 m = 70 m) oder untenherum (10 m + 20 m + 20 m + 30 m = 80 m) sind jeweils länger.

Rechnung: 10 m + 30 m + 10 m = 50 m

Antwort: Ich muss 50 m gehen.

b) Der Zaun um das Gehege der Pandabären muss erneuert werden.

Hinweis: Das Gehege der Pandabären hat eine Dreiecksform. Zur Berechnung der Zaunlänge musst du daher die Längen aller drei Seiten des Dreiecks addieren (+).

Frage: Wie viel Zaun brauchen sie?

Rechnung: 20 m + 10 m + 25 m + 30 m = 85 m

Antwort: Sie brauchen 85 m Zaun.

Lösungen – Zahlen und Operationen • Niveau B

Übungsset 7

1 Höre dir Track 6 an. Überlege und schreibe die Ergebnisse auf.

Hinweis: Höre genau zu. Manche Ergebnisse kannst du bestimmt direkt im Kopf ausrechnen. Du kannst dir die gesprochene Rechnung aber auch notieren und dann rechnen. Mache einen Strich, wenn du ein Ergebnis nicht weißt. Dann kommst du mit der Reihenfolge der Aufgaben nicht durcheinander. Versuche, fehlende Ergebnisse am Ende noch einmal zu berechnen. Du kannst dir den Track zur Kontrolle noch einmal anhören.

1	2	3	4	5	6	7	8	9	10
20	16	70	27	32	10	6	9	3	5

2 Löse die Rechengeschichten.
Tipp: Punktebilder zu den Aufgaben können dir helfen.

Hinweis: Lies die Rechengeschichten genau und markiere wichtige Angaben. Überlege, wie du die Frage mit diesen Angaben lösen kannst. Bilde eine Rechnung und berechne. Vielleicht kannst du dir die Geschichte auch besser vorstellen, wenn du eine Skizze dazu machst.

a) Auf dem Tisch liegen 3 Mäppchen mit je 6 Stiften.
   Frage: Wie viele Stifte sind es insgesamt?
   Rechnung: 3 · 6 = 18
   Antwort: **Es sind insgesamt 18 Stifte.**

b) Als Nachspeise gibt es Obst. Es sind 30 Erdbeeren und 5 Kinder. Die Erdbeeren sollen gerecht verteilt werden.
   Frage: Wie viele Erdbeeren bekommt jedes Kind?
   Rechnung: 30 : 5 = 6
   Antwort: **Jedes Kind bekommt 6 Erdbeeren.**

3 Anna und ihre Schwester haben 7 Kekse. Können sie gerecht teilen? Begründe.

Hinweis: Hier gibt es mehrere Lösungsmöglichkeiten. Wichtig ist, dass du deine Antwort nachvollziehbar begründest.

Ja, wenn jede Schwester nur 3 Kekse nimmt und ein Keks übrig gelassen oder in der Mitte geteilt wird.

Lösungen – Zahlen und Operationen • Niveau B

Nein, wenn jede Schwester ganze Kekse haben möchte und kein Keks übrig bleiben soll, bekommt eine 3 und die andere 4 Kekse.

 4 Im Klassenzimmer: Die Kinder aus dem Mathe-Knobelkurs möchten sich umsetzen. Sie haben folgende Wünsche geäußert:

Luca

Ich will nicht genau gegenüber von Kurt sitzen, gerne aber neben einem Mädchen.

Am liebsten will ich neben Luca sitzen.

Vivien

Zeynep

Mein Lieblingsplatz ist neben dem Fenster.

Ich sitze gern allein und nicht zu nah an der Tafel. Es gefällt mir, aus dem Fenster sehen zu können, ohne mich umdrehen zu müssen.

Kurt

Lösungen – Zahlen und Operationen • Niveau B

Ich trage eine Brille.
Am besten kann ich von der Tafel
abschreiben, wenn ich direkt
auf sie sehen kann.

Adam

Trage die Namen an die Sitzplätze ein.

Hinweis: Lies zunächst alle Aussagen genau durch. Überlege nun, welchen Sitzplatz du allein anhand der Aussage des Kindes eindeutig zuordnen kannst. Achte dabei auf Hinweise wie „nicht genau neben Kurt", „neben dem Fenster" oder „direkt auf die Tafel sehen". Schau dir auch den vorgegebenen Plan genau an. Dabei stellst du fest, dass es nur einen Platz gibt, von dem man direkt auf die Tafel sieht. Beginne also mit der Zuordnung von Adam („Am besten kann ich von der Tafel abschreiben, wenn ich direkt auf sie sehen kann."). Da Kurt alleine sitzen möchte, während Vivien und Luca nebeneinandersitzen wollen, bekommt Zeynep den Platz neben Adams. Das passt auch zu ihrem Wunsch, neben dem Fenster zu sitzen. Da Kurt gern aus dem Fenster sieht und seinen Platz nicht direkt vorn an der Tafel haben möchte, sollte er sich links an die Bank gegenüber dem Fenster setzen. Nachdem Luca nicht genau gegenüber von Kurt Platz nehmen möchte, wird Vivien dort sitzen. Luca sollte demnach den Sitzplatz mit dem Fenster im Rücken und in Pultnähe bekommen.

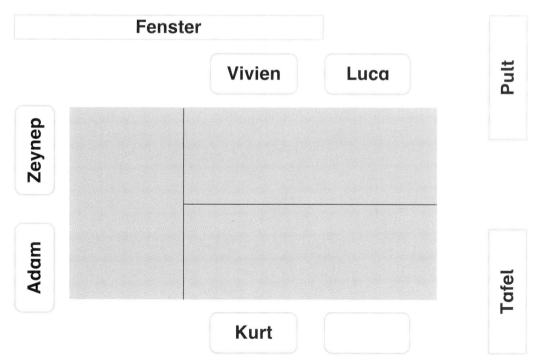

Lösungen – Zahlen und Operationen • Niveau B

5 Zahlenrätsel. Schreibe die Rechnungen zu den Rätseln auf und male die richtigen Ergebnisse in den Luftballons am Rand an.

Hinweis: Lies die Rechenrätsel genau durch und mache dir Notizen dazu.

a) Meine Zahl ist um 15 kleiner als 62.

Hinweis: Die Angabe „kleiner als" weist dich auf eine Minusaufgabe (–) hin.

62 – 15 = 47

b) Meine Zahl erhältst du, wenn du zu 49 noch 12 hinzufügst.

Hinweis: Die Angabe „hinzufügen" deutet darauf hin, dass du die Zahlen addieren (+) musst.

49 + 12 = 61

c) Meine Zahl ist die Hälfte von 66.

Hinweis: Um die Hälfte zu berechnen, musst du die Zahl durch 2 teilen.

66 : 2 = 33

d) Die Zahl liegt zwischen 10 und 20. Sie gehört zum 9er-Einmaleins.

Hinweis: Gehe das 9er-Einmaleins durch. Notiere dir dabei am besten die Zahlen. Prüfe dann, welche Zahl im vorgegebenen Zahlenraum (zwischen 10 und 20) liegt. Schreibe die passende Zahl und die dazugehörige Rechnung auf.

2 · 9 = 18

e) Meine Zahl erhältst du, wenn du den Unterschied von 35 und 24 verdoppelst.

Hinweis: Um den „Unterschied" zu ermitteln, rechnest du eine Minusaufgabe (–) mit den angegebenen Zahlen. Das Ergebnis musst du dann noch verdoppeln, also mal 2 nehmen.

35 – 24 = 11
11 · 2 = 22

Lösungen – Zahlen und Operationen • Niveau B

Übungsset 8

1 Setze die Aufgabenreihen sinnvoll fort und rechne.

Hinweis: Bei Teilaufgabe a bleibt die erste Zahl der Plusaufgabe (+) immer gleich und die zweite Zahl erhöht sich um 1. Das Ergebnis erhöht sich somit ebenfalls um 1. In Teilaufgabe b bleibt die erste Zahl der MInusaufgabe (–) gleich und die zweite erhöht sich jeweils um 1. Dadurch wird das Ergebnis immer um 1 kleiner. In Teilaufgabe c hast du Malaufgaben aus dem 4er-Einmaleins. Die erste Zahl erhöht sich hier immer um 1, die zweite Zahl bleibt immer 4. Bei Teilaufgabe d hast du Umkehraufgaben aus dem 5er-Einmaleins. Die erste Zahl verkleinert sich in 5er-Schritten, die zweite Zahl bleibt 5.

a) 48 + 24 = **72**
   48 + 25 = **73**
   48 + 26 = **74**
   48 + 27 = 75
   48 + 28 = 76
   48 + 29 = 77

b) 74 – 55 = **19**
   74 – 56 = **18**
   74 – **57** = 17
   74 – **58** = 16
   74 – 59 = 15
   74 – 60 = 14

c) 3 · 4 = **12**
   4 · 4 = **16**
   5 · 4 = **20**
   6 · 4 = **24**
   7 · 4 = **28**
   8 · 4 = **32**

d) 50 : 5 = **10**
   45 : 5 = **9**
   40 : **5** = **8**
   35 : **5** = **7**
   30 : 5 = **6**
   25 : 5 = **5**

2 a) Kleiner, größer oder gleich? Setze <, > oder = ein.

Hinweis: Um entscheiden zu können, welches Rechenzeichen passt, musst du die Plus- (+) und Minusaufgaben (–) jeweils ausrechnen. Notiere dir deine Ergebnisse über den Aufgaben. Setze dann <, > und = richtig ein. Das Größer-/Kleinerzeichen muss mit der offenen Seite zur größeren Zahl zeigen.

33 + 28 **>** 50   92 – 48 **<** 46   63 + 36 **>** 99 – 13

62 – 29 **<** 35   18 + 57 **=** 75   74 – 38 **<** 63 – 11

Lösungen – Zahlen und Operationen • Niveau B

b) Welche Zahl musst du einsetzen?

Hinweis: Bei den Aufgaben muss auf beiden Seiten des Ist-gleich-Zeichens das gleiche Ergebnis stehen. Berechne zunächst die Seite mit der vollständig angegebenen Plus- (+) oder Minusaufgabe (–) und notiere dir das Ergebnis darüber. Rechne nun eine Umkehraufgabe mit diesem Ergebnis und der angegebenen Zahl auf der anderen Seite. Denke daran, dass bei Umkehraufgaben Minus zu Plus wird und umgekehrt.

34 + 37 = 42 + **29**   73 – 23 = 74 – **24**
46 + 49 = 27 + **68**   79 – 31 = 89 – **41**
53 + 27 = 60 + **20**   97 – 27 = 90 – **20**

 c) Was ist das Besondere bei diesen Aufgaben? Begründe.

Hinweis: Berechne bei der ersten Aufgabe zuerst die vollständig angegebene Rechnung und notiere das Ergebnis darüber (18 + 27 = 45). Nun überlegst du, welche Zahl an die Platzhalterstelle passt, damit die Plusaufgabe auf dieser Seite größer als 45 ist. Da 46 schon größer als 45 ist, kannst du jede beliebige Zahl einsetzen, damit die Gleichung stimmt. Bei der zweiten Aufgabe gehst du genauso vor. Berechne zuerst die vollständige Aufgabe (86 – 59 = 27). Vergleiche dann dein Ergebnis mit der anderen Seite. Dabei stellst du fest, dass 43 bereits größer ist als 27. Du kannst also auch hier jede beliebige Zahl an den Platzhalter setzen.

1   46 + ____ > 18 + 27   **2**   86 – 59 < 43 + ____

Man kann bei beiden Aufgaben alle Zahlen von 0 bis unendlich einsetzen.

 3   Sina geht mit ihrer Familie ins Freibad.

a) Stimmt das? Finde zu den richtigen Aussagen eine sinnvolle Rechnung. Begründe bei falschen Aussagen deine Entscheidung.

Tipp: Betrachte das Bild ganz genau.

Hinweis: In der Zeichnung findest du alle Informationen, die du brauchst.
Aussage 1: Die Angabe „doppelt so viele" weißt darauf hin, dass du mal 2 rechnen musst. Zähle die Erwachsenen im Babybecken (6) und rechne. Zähle dann auch die Kinder und prüfe, ob die Anzahl mit deinem Ergebnis übereinstimmt.
Aussage 2: Das ist eine Schätzaufgabe. Zähle die Personen im Nichtschwimmerbecken (21). Da es bereits recht gefüllt aussieht, ist es unrealistisch, dass dort noch mehr Menschen Platz finden würden.
Aussage 3: Sieh dir die Preistafel an und notiere den Preis für Pizzaschnitten (2,50 €) und Limonade (2 €). Berechne den Preis für drei Pizzaschnitten und eine Limonade. Liegt dein Ergebnis über 10 € oder kann Sina den Einkauf mit ihrem Schein bezahlen?
Aussage 4: „Halb so viele" bedeutet, dass du durch 2 teilen musst. Zähle die Kinder im Nichtschwimmerbecken (14) und teile die Anzahl durch 2. Zähle nun die Erwachsenen und prüfe, ob die Anzahl mit deinem Ergebnis übereinstimmt.
Aussage 5: Zähle die Personen (Erwachsene und Kinder), die sich außerhalb der Schwimmbecken befinden (9). Nun kannst du eine Plusaufgabe mit allen Personen in den Becken rechnen und dein Ergebnis mit dieser Anzahl vergleichen. Du weißt aber auch schon von Aussage 2, dass sich 21 Personen im Nichtschwimmerbecken befinden. Allein diese Anzahl zeigt, dass die Aussage nicht korrekt sein kann.

	richtig	falsch	Rechnung oder Begründung
Im Babybecken sind doppelt so viele Kinder wie Erwachsene.	X		6 · 2 = 12
90 Personen haben im Nichtschwimmerbecken Platz.		X	Mit 21 Personen wirkt das Becken bereits sehr voll.
Mit einem 10-€-Schein kann Sina drei Pizzaschnitten und eine Limonade kaufen.	X		2,50 € + 2,50 € + 2,50 € + 2 € = 9,50 €
Im Nichtschwimmerbecken sind halb so viele Erwachsene wie Kinder.	X		14 : 2 = 7 14 Kinder 7 Erwachsene

Lösungen – Zahlen und Operationen • Niveau B

Die Hälfte der Gäste ist im Wasser, die andere Hälfte ist außerhalb der Becken.	☐	[X]	Babybecken 18 Nichtschw. 21 Schwimmer 7 ――― 46

b) Sina kauft für ihre Familie am Kiosk ein. Sie bezahlt zwei Wasser, eine Limonade und drei Kugeln Eis mit einem 20-€-Schein.

Tipp: Schau dir das Bild auf der vorherigen Seite noch mal an.

Hinweis: Lies dir die Rechengeschichte genau durch und markiere die darin enthaltenen Angaben (zwei Wasser, eine Limonade und drei Kugeln Eis; 20-€-Schein). So erkennst du schnell, welche Frage du zu der Geschichte stellen kannst. Bilde die passende Rechnung als Kettenaufgabe. Vergiss dabei die Einheit nicht. Schreibe abschließend eine Antwort. Wenn du die Angabe „20-€-Schein" weglässt, könntest du auch „Wie viel muss Sina bezahlen?" fragen.

Lösungsvorschlag:

Frage: Wie viel Geld bekommt Sina zurück?
Rechnung: 1,50 € + 1,50 € + 2 € + 1 € + 1 € + 1 € = 8 €
20 € − 8 € = 12 €
Antwort: Sina bekommt 12 € zurück.

4 a) Kreise ein und rechne.

Hinweis: Die zweite Zahl in der Aufgabe gibt dir hier immer an, wie viele Dinge du einkreisen musst (also 2, 4 und 7). Zähle anschließend die Kreise. So erhältst du das Ergebnis der Rechnung. Bei jeder Aufgabe bleibt etwas übrig. Zähle, wie viele Dinge du nicht eingekreist hast, und notiere diese Anzahl als Rest.

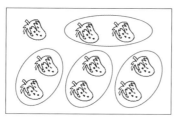
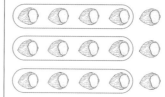
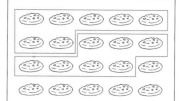

9 : 2 = **4**   15 : 4 = **3**   20 : 7 = **2**
Rest **1**   Rest **3**   Rest **6**

b) Berechne und begründe jeweils mit der Umkehraufgabe.

Hinweis: Prüfe jeweils, wie oft die zweite Zahl (der Teiler) in die erste Zahl passt. Notiere dein Ergebnis und den Rest. Prüfe dein Ergebnis mit der Umkehraufgabe. Bei der Umkehraufgabe rechnest du von hinten nach vorne. Das Rechenzeichen wird von geteilt (:) zu mal (·) und umgekehrt. Wenn du den Rest zum Ergebnis der Umkehraufgabe addierst (+), erhältst du wieder die erste Zahl der ursprünglichen Rechnung.

42 : 10 = **4**, Rest **2**, denn **4** · 10 = **40**
54 : 10 = **5**, Rest **4**, denn **5** · 10 = **50**
21 : 10 = **2**, Rest **1**, denn **2** · 10 = **20**
42 : 5 = **8**, Rest **2**, denn **8** · 5 = **40**
54 : 5 = **10**, Rest **4**, denn **10** · 5 = **50**
74 : 8 = **9**, Rest **2**, denn **9** · 8 = **72**
21 : 4 = **5**, Rest **1**, denn **5** · 4 = **20**
32 : 6 = **5**, Rest **2**, denn **5** · 6 = **30**

c) Berechne 26 : 4. Bei welchem Rest solltest du auf jeden Fall noch mal nachrechnen? Begründe, wie hoch der Rest höchstens werden darf.

Hinweis: Ein Rest kann höchstens so groß sein wie der Teiler minus 1. Wenn du durch 4 teilst, kann der Rest also höchstens 3 sein.

26 : 4 = 6, Rest 2

Wenn man durch 4 teilt, kann der Rest höchstens 3 werden. Ist der Rest 4 oder größer, hat man einen Fehler gemacht und sollte noch mal nachrechnen.

Übungsset 9

1 Höre dir Track 7 an. Überlege und schreibe die Ergebnisse auf.

Hinweis: Du hörst hier bunt gemischte Aufgaben: Zahlenrätsel, Minus- (−), Plus- (+), Mal- (·) und Geteiltaufgaben (:). Höre genau zu. Du kannst dir wichtige Angaben notieren oder direkt im Kopf rechnen. Mache einen Strich, wenn du eine Lösung nicht weißt. Dann kommst du mit der Reihenfolge der Aufgaben nicht durcheinander. Du kannst dir den Track ein zweites Mal anhören, um deine Lösungen zu kontrollieren und fehlende Lösungen zu ergänzen.

1	2	3	4	5	6	7	8	9	10
63	20	65	71	86	54	12	12	50	8

2 a) Lege mit den Ziffernkarten Plusaufgaben aus zweistelligen Zahlen. Wie viele findest du? Schreibe sie auf. Achtung: Jede Ziffernkarte darf nur einmal vorkommen.

6   3   2   1

Hinweis: Zweistellige Zahlen sind Zahlen mit je einer Zehner- und Einerstelle. Gehe systematisch vor. Beachte dabei, dass jede Ziffer pro Plusaufgabe nur einmal vorkommen darf. Beginne z. B. mit der Anordnung der Ziffern, wie du sie auf dem Bild siehst. Tausche dann die Einerstelle der ersten Zahl mit der Zehnerstelle der zweiten Zahl und bei der neu entstandenen Rechnung als Nächstes die Einerstelle der ersten Zahl mit der Einerstelle der zweiten Zahl usw. Es ergeben sich insgesamt 24 Möglichkeiten: 12 Aufgaben und deren 12 Tauschaufgaben. Prüfe am Ende, dass du keine Aufgabe doppelt hast.

63 + 21	63 + 12	36 + 21	36 + 12
62 + 31	62 + 13	26 + 31	26 + 13
61 + 23	61 + 32	16 + 23	16 + 32

Tauschaufgaben:

21 + 63	12 + 63	21 + 36	12 + 36
31 + 62	13 + 62	31 + 26	13 + 26
23 + 61	32 + 61	23 + 16	32 + 16

b) Finde mit den gleichen Ziffernkarten nun auch Minusaufgaben.

Hinweis: Gehe hier ebenfalls systematisch vor und schreibe die Aufgaben ordentlich auf. Ausgehend von Aufgabe a könnte man denken, dass es bei dieser Aufgabe auch 12 Möglichkeiten gibt. Du musst aber beachten, dass bei einer Minusaufgabe die erste Zahl immer größer sein muss als die zweite. Aus diesem Grund fallen einige Möglichkeiten weg (z. B. auch die Tauschaufgaben).

63 – 21	61 – 23	62 – 31
63 – 12	61 – 32	62 – 13
36 – 21	23 – 16	32 – 16
36 – 12	26 – 13	

 c) Vergleiche Aufgabe 2a und 2b. Was fällt dir auf?

Hinweis: Gehe hier auf den Unterschied bei der Anzahl von Plus- und Minusaufgaben ein. Schreibe auf, woran dieser Unterschied liegt.

Lösungen – Zahlen und Operationen • Niveau B

**Ich kann nicht so viele Minusaufgaben bilden, da vorne stets eine größere Zahl stehen muss bzw. nur eine kleinere Zahl abgezogen werden kann.
Zudem kann ich keine Tauschaufgaben nutzen.**

3 Ergänze die Malaufgaben-Kreise.

Hinweis: Bei Aufgabe a rechnest du von innen nach außen, sodass das Ergebnis der Malaufgabe im äußersten Kreis des Kuchenstücks steht. Bei Aufgabe b rechnest du Umkehraufgaben, um die inneren Kreise zu füllen. Oder denke an die Einmaleinsreihen und erschließe dir daraus die fehlenden Zahlen. Bei Aufgabe c sind nur die Ergebnisse von Malaufgaben vorgegeben. Hier gibt es mehrere Lösungen. Du siehst jeweils ein Beispiel im Kreis. Die anderen Lösungsmöglichkeiten stehen am Rand.

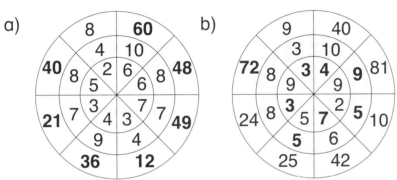

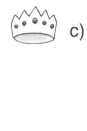

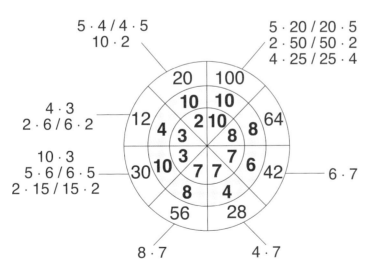

115

Lösungen – Zahlen und Operationen • Niveau B

4 Trage die fehlenden Zahlen in die Kettenaufgabe ein.

Hinweis: Suche dir zuerst einen sinnvollen Startpunkt. Es bietet sich an, bei der 23 oben links zu beginnen. Gehe dann Schritt für Schritt vor. Berechne z. B. erst die obere Reihe, dann die mittlere und zuletzt die untere. Die fehlenden Zahlen unter oder über den Pfeilen findest du, indem du Umkehraufgaben löst. Dabei fällt dir vielleicht auf, dass du hier immer die gleiche Zahl eintragen kannst, die beim umgekehrten Pfeil steht. Du musst nur das Rechenzeichen umwandeln (+ zu – und umgekehrt, · zu : und umgekehrt). Rechne am Ende noch einmal nach, ob alle Aufgaben stimmen.

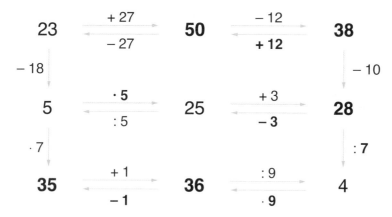

5 Berechne und begründe mit der Umkehraufgabe.

Hinweis: Prüfe jeweils, wie oft die zweite Zahl (der Teiler) in die erste Zahl passt. Notiere dein Ergebnis und den Rest. Prüfe dein Ergebnis mit der Umkehraufgabe. Bei der Umkehraufgabe rechnest du von hinten nach vorne. Das Rechenzeichen wird von geteilt (:) zu mal (·) und umgekehrt. Wenn du den Rest zum Ergebnis der Umkehraufgabe addierst (+), erhältst du wieder die erste Zahl der ursprünglichen Rechnung.

22 : 4 = **5**, Rest **2**, denn **5** · 4 = **20**
27 : 5 = **5**, Rest **2**, denn **5** · **5** = **25**
38 : 9 = **4**, Rest **2**, denn **4** · 9 = **36**
60 : 8 = **7**, Rest **4**, denn **7** · **8** = **56**
48 : 5 = **9**, Rest **3**, denn **9** · 5 = **45**

6 Wir basteln eine Frühlingskarte.

Du hast ein gestreiftes, ein weißes und ein gepunktetes Blatt Papier sowie eine Schablone für einen Hasen oder ein Ei. Eine Karte besteht aus einem gefalteten Blatt Papier und einem Bild, das du aus einem anderen Blatt Papier ausschneidest.

116

Lösungen – Zahlen und Operationen • Niveau B

a) Wie viele Möglichkeiten hast du, Karten zu basteln? Male oder schreibe auf.

Hinweis: Schreibe oder male die Möglichkeiten systematisch auf. Dafür kannst du auch Abkürzungen nutzen.
Du hast ein gestreiftes, ein weißes und ein gepunktetes Blatt Papier und sollst immer ein Blatt Papier zu einer Karte falten und darauf ein Motiv kleben, das du aus einem der anderen Blätter ausschneidest. Für das Motiv hast du zwei Schablonen zur Auswahl: Hase oder Ei.
Beginne z. B. mit dem gestreiften Papier und kombiniere es zuerst mit dem Hasen (erst mit einem weißen, dann mit einem gepunkteten). Als Nächstes kombinierst du das gestreifte Papier mit dem Ei (wieder erst mit einem weißen, dann mit einem gepunkteten). Nimm dann das weiße Papier und kombiniere es mit dem Hasen (diesmal erst mit einem gestreiften, dann mit einem gepunkteten). Als Nächstes kombinierst du das weiße Papier mit dem Ei (wieder erst mit einem gestreiften, dann mit einem gepunkteten). Zuletzt nimmst du das gepunktete Papier und kombinierst wieder die beiden Motive in je zwei verschiedenen Mustern.
Es ergeben sich 12 Kombinationsmöglichkeiten.

gestreiftes Papier + weißer Hase
gestreiftes Papier + gepunkteter Hase
gestreiftes Papier + weißes Ei
gestreiftes Papier + gepunktetes Ei

weißes Papier + gestreifter Hase
weißes Papier + gepunkteter Hase
weißes Papier + gestreiftes Ei
weißes Papier + gepunktetes Ei

gepunktetes Papier + gestreifter Hase
gepunktetes Papier + weißer Hase
gepunktetes Papier + gestreiftes Ei
gepunktetes Papier + weißes Ei

Ich kann **12** verschiedene Karten basteln.

b) Dein Freund möchte auch basteln und bringt noch ein grünes Blatt Papier mit. Wie viele Möglichkeiten ergeben sich nun? Male oder schreibe auf.

Hinweis: Durch das grüne Blatt Papier kannst du die in Aufgabe a aufgelisteten Papiere noch je um eine Kombination mit einem grünen Ei und einem grünen Hasen ergänzen. Zudem kann das grüne Papier auch als Karte verwendet und mit jedem Motiv aus Aufgabe a (weißer Hase, gepunkteter Hase, gestreifter Hase, weißes Ei, gepunktetes Ei, gestreiftes Ei) kombiniert werden. Es ergeben sich insgesamt 24 Möglichkeiten.

gestreiftes Papier + weißer Hase
gestreiftes Papier + gepunkteter Hase
gestreiftes Papier + grüner Hase
gestreiftes Papier + weißes Ei
gestreiftes Papier + gepunktetes Ei
gestreiftes Papier + grünes Ei

weißes Papier + gestreifter Hase
weißes Papier + gepunkteter Hase
weißes Papier + grüner Hase
weißes Papier + gestreiftes Ei
weißes Papier + gepunktetes Ei
weißes Papier + grünes Ei

gepunktetes Papier + gestreifter Hase
gepunktetes Papier + weißer Hase
gepunktetes Papier + grüner Hase
gepunktetes Papier + gestreiftes Ei
gepunktetes Papier + weißes Ei
gepunktetes Papier + grünes Ei

grünes Papier + gestreifter Hase
grünes Papier + gepunkteter Hase
grünes Papier + weißer Hase
grünes Papier + gestreiftes Ei
grünes Papier + gepunktetes Ei
grünes Papier + weißes Ei

Ich kann **24** verschiedene Karten basteln.